마태오,
'두려워하지 마라'의 복음

마태오, '두려워하지 마라'의 복음

이민영 지음

성서와함께

들어가는 말

| 우리와 함께
  계시는 하느님

로마에 있는 교황청립 성서대학(Pontifical Biblical Institute, 일명 '비블리쿰')에서 유학하던 시기(2011년 10월-2020년 8월)에 2014년 9월 한 달 동안 이스라엘에서 성서 고고학 수업을 들을 기회가 생겼습니다. 당시 저는 히브리어, 그리스어, 아람어, 시리아어, 콥트어와 같은 다양한 고대 근동어로 적힌 하느님의 말씀과 씨름하며 힘겨운 석사 과정을 밟고 있었습니다. 그래서 예루살렘을 비롯하여 성경에 나오는 여러 장소를 직접 찾아다니며 하느님 말씀 안으로 더 깊이 들어가게 해 줄 성서 고고학 과정이 몹시 기대되었습니다. 특히 주님이시며 하느님의 아드님이신 예수님께서 활동하신 현장, 그야말로 진정한 '성지Holy Land'에서 그분의 흔적을 찾고 숨결을 느끼며 그분을 만날 수 있으리라 희망하며 출발일을 손꼽아 기다렸습니다.

마침내 그날이 되어, 로마 피우미치노 공항에서 이스라엘 국적기를 타고 이스라엘 텔아비브를 향해 떠났습니다. 당시 오랫동안 계속된 이스라엘과 팔레스타인 자치 정부의 긴장과 갈등은 극에 달했고, '가자 지구 분쟁 사태'(2014년 7월)로 이천 명이 넘는 사상자가 발생하면서 이스라엘 정국은 매우 불안정했습니다. 그래서인지 공항 검색대를 지나 여객기에 탑승하기 전, 저는 어디론가 인도되어 보안 요원과 마주 앉아 일대일로 인터뷰를 하게 되었습니다.

취조를 하는 듯한 엄격한 분위기에서 영어로 인터뷰가 진행되었습니다. 검푸른 제복을 입은 보안 요원은 사십 대 중반 정도의 유다인 여성이었는데, 첩보 영화에서나 나올 법한 날카롭고 냉정해 보이는 인상에 무표정한 얼굴이었습니다. 그는 제가 누구이고 무슨 목적으로 이스라엘에 가며 어디에 묵는지 그리고 언제까지 이스라엘에서 머무는지 추궁하듯 질문을 쏟아냈고, 저는 간략히 응답했습니다.

그러다 중요한 질문이 나왔습니다. "혹시 이스라엘에 아는 사람이 있습니까?" 저는 조금도 지체하지 않고 대답했습니다. "예스Yes!" 보안 요원의 동공이 커지고 의심의 눈빛은 더욱 짙어졌습니다. 숨 막히는 긴장감이 감돌았습니다. "그 사람이 누구입니까?" 저는 자신 있게 말했습니다. "지저스Jesus!" 그러자 보안 요원이 웃음을 터뜨렸고 얼어붙었던 분위기가 한결 누그러졌습니다.

그는 자신도 '그 사람'을 안다면서 "아주 유명한 분이죠"라고 덧붙였습니다. 그리고 이스라엘에서 제가 '아는 사람'을 잘 만나고 좋은 여행을 하기를 바란다는 훈훈한 인사로 인터뷰는 무사히 마무리되었습니다.

지나고 보니, 그렇게 엄격하고 조금은 무서웠던 상황에서 어떻게 이스라엘에 아는 사람이 있다고 대답했는지 우습기도 하고 신기하기도 합니다. 하지만 그렇게 대답했던 것은 정말로 제가 예수님을 잘 안다고 믿었기 때문입니다. 바로 그 예수님을 그분의 땅인 나자렛, 갈릴래아, 예루살렘에서 직접 만나 뵙고 싶은 바람이 간절했기 때문입니다.

늦여름, 팔레스타인 지역을 집어삼킬 듯한 뜨거운 태양 아래서 성서 고고학 수업은 계속되었습니다. 영화 〈인디아나 존스〉의 주인공처럼 챙 넓은 모자를 쓰고 등산화를 신고 날마다 흙먼지를 마시며 성경에 등장하는 주요 장소들을 두루 찾아다녔습니다. 몸은 매우 고되고 힘들었지만, 학교와 도서관에서 배우고 공부하며 씨름했던 하느님 말씀을 현장에서 직접 보고 느끼고 체험할 수 있는 참으로 유익한 시간이었습니다.

한 달간의 과정을 마친 뒤, 마지막 시험을 앞두고 반나절의 자유 시간이 생겼습니다. 저는 혼자 예루살렘에 있는 예수님의 거룩한 무덤 성당Basilica of the Holy Sepulchre을 찾았습니다. 그곳에는 예수님께서 십자가에 못 박혀 돌아가신 골고타 언덕에 세워진 경당이 있고, 그분이 묻히신 무덤에도 작은 경당이 세워져 있습니다. 이 밖에도 주변 곳곳에 여러 경당이 자리하고 있습니다. 성당 안은 순례객으로 붐볐습니다. 수많은 사람이 예수님의 무덤을 직접 보기 위해 길게 줄을 서서 차례를 기다리고 있었습니다. 한때 예수님께서 묻히신 곳이지만, 물론 지금은 '빈 무덤'입니다.

저는 예수님의 무덤 경당이 마주 보이는 성당 구석에 앉아, 이스라엘에서 보낸 시간을 돌아보았습니다. 머릿속에는 한 가지 질문이 맴돌았습니다. '이스라엘에 들어올 때 나는 예수님을 잘 안다고 말했고, 성서 고고학 수업을 통해 그분을 만나고 싶었다. 그런데 과연 그분을 만났는가?' 오랜 시간 생각을 거듭한 끝에 안타까운 결론을 내렸습니다. '결국 여기에서 예수님을 만나지 못했구나!' 마음 가득 슬픔이 차올랐습니다. 그때 심정은 마치 엠마오로 가는 제자들과 같았습니다(루카 24,13-35). 예루살렘에서 스승 예수님의 비참한 죽음을 목격하고 낙심하여 침통하게 엠마오로 걸어가던 제자들 말입니다.

그렇게 실망과 허탈함을 안고서 돌아가려던 순간, 무덤 성당 바로 옆 경당에서 이탈리아 신부님과 순례객 십여 명이 미사를 봉헌하고 있다는 사실을 알게 되었습니다. 이왕 여기까지 왔으니 미사라도 참례하자는 마음으로 조용히 신자석 뒤편에 자리를 잡았습니다. 그런데 그저 우연이었을까요? 아니면 하느님의 선물이었을까요? 신부님의 강론 말씀이 저에게 하시는 말씀처럼 들렸습니다. "하느님께서는 고고학 안에 계시지 않습니다. 우리 가운데 계십니다!" 그때 느낀 전율과 울림을 어떻게 표현할 수 있을까요? 주님을 갈망하며 그토록 공부하고 고민했지만, 그분을 만나지 못했다고 좌절한 저에게 그 말씀은 참으로 복음, 곧 '구원의 기쁜 소식'이었습니다. 하느님께서는 우리 가운데 계십니다!

> 두려워하지 마라. 너희가 십자가에 못 박히신 예수님을 찾는 줄을 나는 안다. 그분께서는 여기에 계시지 않는다. 말씀하신 대로 그분께서는 되살아나셨다. 와서 그분께서 누워 계셨던 곳을 보아라. 그러니 서둘러 그분의 제자들에게 가서 이렇게 일러라. '그분께서는 죽은 이들 가운데에서 되살아나셨습니다. 이제 여러분보다 먼저 갈릴래아로 가실 터이니, 여러분은 그분을 거기에서 뵙게 될 것입니다'(마태 28,5-7).

예수님의 부활 소식을 전하면서 천사는 "두려워하지 마라"(28,5) 하고 말합니다. 예수님께서는 더 이상 빈 무덤에 계시지 않습니다. 되살아나시어 갈릴래아에서 제자들에게 나타나십니다. 제자들은 부활하신 주님을 만나, 이제 '두려움 없이' 그분을 증언하게 될 것입니다(28,16-20). 임마누엘로 오신 예수님(1,23)께서 죽음에서 부활하시어 우리 가운데 현존하신다는 사실(28,20)은 어제나 오늘이나 변함이 없습니다. 우리는 그 사실을 믿습니다. 마태오 복음서를 읽는 자세는 바로 이 믿음에서부터 시작됩니다.

이 책은 대구대교구에서 발행하는 월간 〈빛〉에 '복음서에서 만나는 예수님: 마태오 복음을 중심으로'라는 제목으로 1년간 (2022년 4월-2023년 3월) 연재한 글에, 교황청립 성서대학에서 박사학위 논문으로 발표한 〈마태오 복음서에서 "두려워하지 마라" 표현의 기능에 관한 연구〉에서 발견한 일부 내용을 더해 엮었습니다. 이 책을 통해 독자들이 마태오복음서에 좀 더 쉽고 친밀하게 다가갈 수 있기를 바랍니다. 제게 '하느님의 선물'로 찾아온 마태오복음서가 여러분에게도 같은 선물이 되기를 희망합니다.

대구 남산동 유스티노 교정에서

이민영 예레미야

차례

들어가는 말 · 7

I. 읽기 전에
하느님의 선물 · 19
'두려워하지 마라'의 복음 · 21
마태오복음서의 구조 · 29

II. 예수님의 탄생과 공생활 준비 1,1-4,11
탄생 1,1-25 · 35
동방 박사의 방문,
이집트 피신과 귀환 2,1-23 · 41
세례 3,1-17 · 46
유혹 4,1-11 · 51

Ⅲ. 예수님의 공생활과 하늘 나라 선포 4,12-11,1

공생활의 시작 4,12-17 ·59
첫 제자들을 부르심 4,18-22 ·64
산상 설교 5,1-7,29 ·68
주님의 기도 6,9-15 ·74
열 가지 기적 8,1-9,35 ·80
마태오를 부르심 9,9-13 ·86
파견 설교 9,36-11,1 ·91

Ⅳ. 예수님의 정체에 대한 계시 11,2-16,20

예수님의 정체에 대한 의문과 응답 11,2-30 ·99
예수님은 누구이신가 12,1-50 ·105
하늘 나라 비유 설교 13,1-53 ·110
생명의 주님, 구원자 예수님 13,54-14,36 ·115
예수님에 대한 불신과 믿음 15,1-16,12 ·122
베드로의 그리스도 고백 16,13-20 ·129

V. 예루살렘으로 향하는 길 16,21–20,34

수난과 부활 예고 16,21–23; 17,22–23; 20,17–19 · 135

거룩한 변모 17,1–9 · 141

교회 공동체 설교 18,1–35 · 149

하늘 나라와 영원한 생명의 길 19,1–20,34 · 154

VI. 수난, 죽음 그리고 부활 21,1–28,20

예루살렘 입성 21,1–22,46 · 165

율법학자와 바리사이의 위선에 대한
경고 23,1–39 · 173

종말 설교 24,1–25,46 · 178

수난 26,1–75 · 183

죽음 27,1–56 · 188

묻히심 27,57–66 · 193

부활 28,1–15 · 197

다시 갈릴래아에서 28,16–20 · 203

나가는 말 · 209

I

읽기 전어

하느님의 선물

"마태오복음서를 공부할 수 있는 것은 하느님의 선물이란다. 그러니 하느님 말씀을 연구하면서도 하느님께 기도하는 일을 게을리하지 않기를 바란다." 로마 교황청립 성서대학에서 박사 과정을 시작할 때, 지도 교수였던 예수회 소속 헨리 신부님이 제게 처음 하신 말씀입니다. 신부님의 권고를 마음에 새기며, 공부와 기도가 분리되지 않도록 늘 노력했습니다. 그렇게 학위 논문에 몰두하던 어느 날, '마태오'(마타이오스Μαθθαῖος)라는 이름의 어원이 '하느님의 선물'(마티트야מַתִּתְיָה: '선물'을 뜻하는 마탄מַתָּן과 '주님'을 뜻하는 야יָה의 합성어)을 뜻한다는 사실을 알게 되었습니다. 저는 크게 감동하여 하느님께 감사기도를 드렸습니다.

무엇이 하느님의 선물일까요? 마태오의 소명 이야기(9,9-13)를 따로 살펴보지 않아도, 우리가 예수 그리스도를 알고 믿고 사랑하고 따르게 된 이 고귀한 부르심이야말로 하느님의 은총입니다. 무엇보다도 예수 그리스도 자체가 하느님의 선물입니다. 예수님은 백성을 죄에서 구원하시고(1,21) 우리와 함께하고자 친히 인간이 되신 임마누엘(1,23)이며 우리 죄를 용서하기 위해(26,28) 십자가의 고통과 죽음마저도 기꺼이 감당하신 구원자이십니다. 더욱이 예수님은 죽음을 이기고 부활하시어 의심과 불안에 떠는 제자들에게 나타나 '세상 끝 날까지 언제나 함께하겠다'고 약속하신 하느님이십니다(28,20). 마태오복음서는 '하느님의 선물'로 우리에게 다가오시어, 우리를 구원하시고, 우리 가운데 생생히 살아 계시는 예수 그리스도의 현존을 보여 줍니다.

초대 교회 때부터 널리 읽히며 신약성경의 첫머리에 자리한 마태오복음서는 흔히 '교리 교사의 복음서' 또는 '교회의 복음서'라고 불립니다. 하늘 나라 복음을 위한 예수님의 새로운 가르침이 가장 풍부하게 담겨 있으며, '교회'라는 용어가 복음서 가운데 오직 마태오복음서에만 등장하기 때문입니다[16,18; 18,17(2회)]. 네 복음서 중에서 분량이 가장 긴(총 28장) 마태오복음서는 구약성경의 영향을 가장 많이 받았으며, 수많은 가르침과 설교, 비유와 이야기로 구성되어 있어 자칫 어렵고 딱딱하게 느껴질 수 있습니다. 하지만 이 책을 통해 온갖 두려움을 이기게 해 주시는 '함께 계시는 예수님'을 더욱 가까이 만날 수 있을 것입니다.

'두려워하지 마라'의 복음

구약성경의 시작인 창세기에서 하느님께서는 첫 인간인 아담에게 "너 어디 있느냐?"(창세 3,9) 하고 물으십니다. 아담의 응답은 매우 인상적입니다. "동산에서 당신의 소리를 듣고 제가 알몸이기 때문에 두려워 숨었습니다"(3,10). 하느님의 모습으로 창조되고(1,27) 주님 친히 흙의 먼지로 빚어 생명의 숨을 불어넣어 만드신(2,7) 인간이 하느님을 두려워하다니요.

하느님께서는 인간에게 에덴동산을 일구고 돌보는 역할을 맡기십니다(2,15). 그러나 인간은 하느님의 명을 어기고, 선과 악을 알게 하는 나무 열매를 따 먹는 죄를 짓고 맙니다. 이 원죄의 결과로 인간은 죄와 고통, 죽음의 그늘 아래 놓입니다(2,17; 3,1-24). 이어지는 카인과 아벨 이야기(4,1-16), 인류의 타락과 노아의 방주 이야기(6,5-10,32), 바벨탑 이야기(11,1-9)를 포함하는 창세 1-11장의 원역사는 악의 확산을 다루면서 궁극적으로 구원을 간절히 바라는 인간의 운명을 보여 줍니다. 이제 인간은 필연적으로 두려움을 안고 살아가게 됩니다.

구약성경에서 인간이 하느님께 응답한 첫마디는 두려움에 관한 것이었습니다. 그런데 놀랍게도 신약성경에서 하느님께서 인간에게 건네신 첫 말씀 역시 두려움과 관련됩니다. 이는 주님의 천사가 요셉의 꿈에 나타나 한 말입니다.

> **다윗의 자손 요셉아, 두려워하지 말고 마리아를 아내로 맞아 들여라**(1,20).

4세기 히포의 주교이자 그리스도교의 위대한 교부인 아우구스티누스(Aurelius Augustinus, 354-430) 성인은 "신약은 구약 안에 감추어져 있고 구약은 신약 안에서 드러난다"라고 하면서, 구약과 신약의 밀접한 관계를 알려 주었습니다. 구약과 신약의 연관성에서 살펴볼 때, 신약의 문을 여는 마태오복음서가 예수님의 잉태 소식을 전하는 천사의 말씀, 곧 '두려워하지 마라'로 시작하는 것은 결코 우연이 아닙니다. 두려움을 이기는 힘은 바로 성령으로 잉태된 아기 예수님에게서 옵니다(1,20). 곧 인류의 구원자이며(1,21) 임마누엘이신 분(1,23), 바로 '예수-임마누엘'로 말미암아 우리는 온갖 두려움을 극복할 수 있습니다.

'두려움'과 관련하여 마태오와 마르코 복음서는 차이를 보입니다. 이는 특히 복음서의 마지막 부분에서 드러납니다. 학자들은 총 16장으로 구성된 마르코복음서의 결말을 8절에서 끝나는 '짧은 결말'과 20절까지 이어지는 '긴 결말'로 구분합니다. 9-20절이 오래된 복음서 사본들에는 생략되어 있기에, 대개 마르코복음서가 원래는 16,8("그들은 두려워서 아무에게도 말을 하지 않았다")에서 끝난다고 봅니다. 이런 이유로 어떤 이들은 마르코복음서를 '두려움의 복음서'라고 부르기도 합니다.

마르코복음서의 부활 이야기를 봅시다. 주간 첫날 이른 아침에 마리아 막달레나와 야고보의 어머니 마리아와 살로메가 예수님의 시신에 향료를 발라 드리려고 무덤으로 갑니다(16,1-2). 그들은 무덤 입구를 막았던 큰 돌이 이미 굴려져 있는 것을 보고 무덤 안으로 들어갑니다(16,3-5). 거기서 여인들은 천사로 추정되는 젊은이(마태 28,1-8 참조)에게 예수님의 부활 소식을 듣고, 빈 무덤을 직접 확인합니다. 여인들은 제자들과 베드로에게 가서 갈릴래아에서 예수님을 다시 뵙게 될 것이라는 소식을 전하라는 사명을 받습니다(마르 16,6-7). 그러나 아무에게도 말하지 않습니다. 두려웠기 때문입니다. 그들은 무덤에서 나와 달아났는데 겁에 질려 덜덜 떨었다고 복음사가는 전합니다(16,8).

마르코복음서가 실제로 이렇게 마무리되었다면, 어딘가 신비로우면서도 다소 모호한 결말이라 어색하게 느껴질 수도 있습니다. 하지만 이러한 서술 방식은 오히려 복음서의 부활 메시지와 결론에 신뢰를 주고, 인간적으로 더 가깝게 다가옵니다. 그런데 마태오복음서의 부활 이야기(28,1-8)에 나오는 여인들의 반응은 사뭇 다릅니다.

> **그 여자들은 두려워하면서도 크게 기뻐하며 서둘러 무덤을 떠나, 제자들에게 소식을 전하러 달려갔다**(28,8).

마태오복음서의 여인들 역시 두려웠지만, "크게 기뻐하며"(8절) 급히 무덤을 떠나 제자들에게 예수님의 부활 소식을 전하러 갑니다. 같은 사건을 전하지만, 각 복음사가가 내용을 전개하는 양상과 매듭짓는 결론에는 이처럼 미묘한 차이가 있습니다. 아마도 복음사가마다 전하려는 신학적 메시지와 각 공동체가 처한 상황인 이른바 '삶의 자리Sitz im Leben'가 달랐기 때문일 것입니다. 마태오복음서에서 '두려움'과 더불어 주목할 부분은 여인들을 가득 채운 '큰 기쁨'입니다. 두려움에도 불구하고 그들을 서둘러 움직이게 한 큰 기쁨의 원천은 과연 무엇이었을까요? 그 답은 마태오복음서에 있습니다.

마르코복음서를 '두려움의 복음서'라 부른다면, 마태오복음서는 '두려워하지 마라'의 복음서라고 칭할 수 있습니다. 마태오복음서를 찬찬히 들여다보면 두려워하지 말라는 표현이 얼마나 자주 그리고 중요한 사건들에서 등장하는지를 확인할 수 있습니다. 그래서 저는 '두려워하지 마라'를 핵심어로 놓고 여러분과 함께 마태오복음서를 다시 읽으면서 하느님께서 예수님을 통해 전하시는 위로와 희망의 메시지를 살펴보려 합니다.

'두려워하지 마라'는 구약성경에서도 자주 등장하는 말이고, 이에 관한 연구도 상당히 이루어져 있습니다. 구약에서는 '알-티라 אַל־תִּירָא' 혹은 '로 티라 לֹא תִירָא' 등으로 쓰입니다. 이는 히브리 문학에서도 전형적으로 사용되는 표현입니다. 수많은 문맥에서 다양한 동기로 쓰이는 이 표현은 문자 그대로 듣는 이의 두려움을 누그러뜨리고 용기를 북돋아 주려는 데 목적이 있습니다.

구약성경의 전쟁 이야기에서 하느님께서는 이스라엘 백성에게 두려워하지 말라고 말씀하시면서 당신이 함께 있음을 확신하게 해 주십니다(민수 14,9; 신명 1,21; 여호 8,1; 2역대 20,17; 이사 10,24). 그리하여 선택된 이들이 전쟁에서 승리하도록 이끄십니다. 전능하신 주 하느님께서 바로 이스라엘 백성과 함께 계시기에, 그들은 두려움 없이 전장에 나아가고 하느님의 도우심으로 승리를 거둡니다. 이 말씀과 더불어 하느님의 놀라운 구원이 선포됩니다(탈출 14,13; 이사 35,4; 예레 30,10; 46,27).

하느님께서 구약 성조들에게 후손을 약속하실 때(창세 15,1; 21,17; 이사 44,2)나 고통받는 백성에게 종말론적 약속에 관해 말씀하실 때도 두려워하지 말라는 표현이 나옵니다. 특히 제2이사야(이사 40-55장)에서 이스라엘을 위로하며 하느님의 말씀을 전하는 이른바 '구원의 신탁Oracle of Salvation'으로 쓰입니다. 이 밖에도 구약의 여러 본문에서 하느님의 현존을 드러내는 계시적 표현으로 '두려워하지 마라'가 자주 사용됩니다(창세 26,24; 1역대 28,20; 이사 40,9; 예레 1,8).

신약성경에서도 두려워하지 말라는 말씀이 자주 발견됩니다. 이는 '메 포베이스테μὴ φοβεῖσθε'[부정어 메μη + 동사 포베오마이φοβέομαι(두려워하다)의 명령법 현재 시제] 혹은 '메 포베테테μὴ φοβηθῆτε'(부정어 메 + 동사 포베오마이의 접속법 단순과거 시제) 등으로 쓰입니다. 네 복음서에서 공통적으로 발견되지만, 특히 마태오복음서에서 '두려워하지 마라'의 쓰임에 주목하려 합니다.

이 말씀은 마태오복음서에서 총 여덟 번 등장합니다. 예수님의 탄생과 공생활, 수난과 죽음 그리고 부활이라는 파스카 사건으로 완성되는 하느님의 구원 역사를 동반합니다. 특히 예수님의 탄생(1,17-25), 제자 교육 및 파견 설교(10,26-33), 물 위를 걸으신 사건(14,22-33), 거룩한 변모 사건(17,1-9) 그리고 부활 이야기(28,1-10)와 같이 예수님 삶의 중요한 순간마다 두려워하지 말라는 메시지가 선포됩니다. 즉, 복음서의 시작(1,20)과 가운데(10,26.28.31; 14,27; 17,7) 그리고 마지막 부분(28,5.10)에 이 표현이 쓰입니다. 사실상 '두려워하지 마라'가 마태오복음서 전체를 관통한다고 볼 수 있습니다.

누가 누구에게 이 말을 할까요? 이 말씀은 주님의 천사를 통해 두 번(1,20; 28,5), 예수님을 통해 여섯 번(10,26.28.31; 14,27; 17,7; 28,10) 선포됩니다. 주님의 천사는 하느님의 대리자이고, 예수님은 우리에게 하느님을 보여 주시는 아드님이십니다. 따라서 두려워하지 말라고 말씀하시는 분은 바로 하느님이십니다. 이 말씀은 예수님의 양아버지인 요셉(1,20), 제자들(10,26.28.31; 14,27; 17,7), 여인들(28,5.10)을 향합니다. 그들은 '하느님의 협력자'이고 넓은 의미에서 '하느님의 제자'이므로, 결국 이 말씀은 우리에게 전하는 메시지입니다. 주님의 제자는 두려워하지 않습니다.

마태오복음서에서 이 말씀은 하느님의 계시를 드러내는 여러 중요한 표현과 함께 사용됩니다. 예를 들어 1,23의 "임마누엘은 번역하면 '하느님께서 우리와 함께 계시다'는 뜻이다"(1,20: "두려워하지 말고"), 14,27의 "용기를 내어라. 나다. 두려워하지 마라" 그리고 28,20의 "보라, 내가 세상 끝 날까지 언제나 너희와 함께 있겠다"(28,5.10: "두려워하지 마라") 같은 표현이 있습니다.

또한 이 말씀은 하느님의 참모습을 우리에게 알려 줍니다. 곧 인간이 되신 하느님의 아드님 예수님이 어떤 분이신지를 깨닫게 해 줍니다. 무엇보다도 그분은 우리와 함께 계시는 하느님, 임마누엘이심을 밝혀 줍니다. 마태오복음서에서 두려워하지 말라는 말씀은 '내가 너희와 함께 있다'고 하시며 제자들 가운데 함께 계시는 예수님을 통한 하느님의 현존과 밀접한 관련이 있습니다.

　이처럼 마태오복음서 곳곳에는 '두려워하지 마라' 하시는 주님의 목소리가 생생하게 울려 퍼집니다. 마치 복음서 전체에 이 메시지가 짙게 배어 있는 듯합니다. 이제 그 말씀과 함께 우리를 하느님의 선물로 가득 채워 주고자 다가오시는 주님께 시선을 두고, 그분 말씀에 귀 기울이면서, 복음서의 이야기들을 처음부터 차근차근 다시 읽어 나가겠습니다.

마태오복음서의
구조

본격적으로 본문을 읽기 전에, 총 28장으로 이루어진 마태오복음서의 전체 구조를 간단히 살펴보겠습니다. 마태오복음서는 예수님의 등장과 활동 준비를 소개하는 서문(1-4장), 예수님의 공생활과 하늘 나라에 관한 다섯 설교(5-7장; 10장; 13장; 18장; 24-25장), 수난과 죽음 그리고 부활 이야기(26-28장)로 구성됩니다.

하늘 나라에 관한 다섯 설교는 마태오복음서의 특징입니다. 각 설교는 공통적으로 '예수님께서 이 말씀들을 마치시고'라는 동일한 문구로 마무리됩니다(7,28; 11,1; 13,53; 19,1; 26,1). 내용은 다음과 같습니다. (1) 하늘 나라의 참행복과 하늘 나라에 들어가는 데 필요한 조건을 전하는 산상 설교(5-7장) (2) 하늘 나라의 선포와 확장을 전하는 파견 설교(10장) (3) 하늘 나라의 신비와 본성에 관한 비유 설교(13장) (4) 하늘 나라의 맏물인 교회 공동체에 관한 설교(18장) (5) 하늘 나라의 도래에 관한 종말 설교(24-25장). 이는 하늘 나라의 신비를 가르쳐 주시는 스승 예수님의 면모를 잘 보여 줍니다. 예수님께서 다섯 설교에서 선포하신 하느님 나라의 문은 파스카 사건을 통해 모든 이에게 활짝 열리게 됩니다.

이 책은 마태오복음서의 구조를 고려하여 크게 다섯 장으로 구성하였습니다.

1,1-4,11	예수님의 탄생과 공생활 준비
4,12-11,1	예수님의 공생활과 하늘 나라 선포(산상 설교 5-7장, 파견 설교 10장)
11,2-16,20	예수님의 정체에 대한 계시(하늘 나라 비유 설교 13장)
16,21-20,34	예루살렘으로 향하는 길(교회 공동체 설교 18장)
21,1-28,20	수난, 죽음 그리고 부활(종말 설교 24-25장)

본문을 1장부터 순서대로 살펴보겠지만, 성경 구절을 낱낱이 풀이하는 것이 이 책의 목적은 아닙니다. '두려워하지 마라'는 메시지에 초점을 맞추어 마태오복음서를 다시 읽음으로써, 이 말씀을 건네시는 예수님의 정체와 이 말씀에 응답하는 제자의 자세를 되새겨 보려는 것입니다. 이제 마태오복음서를 펼쳐 읽으면, 처음부터 '두려워하지 마라' 하고 말씀하시는 하느님의 음성을

들을 것입니다. 구원 역사의 놀라운 순간마다 이 말씀으로 제자들을 하늘 나라로 초대하시는 예수님의 목소리를 들을 것입니다. 자, 이제 주님의 부르심에 응답할 준비가 되셨나요?

Ⅱ

예수님의 탄생과
공생활 준비
1,1-4,11

탄생 1,1-25

> 다윗의 자손 요셉아,
> 두려워하지 말고 마리아를
> 아내로 맞아들여라(1,20)

프란치스코 교황님(Pope Francis, 1936-2025)이 바티칸 성 베드로 대성당에서 거행한 성탄 밤 미사 때 있었던 일입니다. 저는 사제석에 앉아, 하느님께서 인간이 되어 오신 예수 성탄의 의미를 밝혀 주는 교황님의 말씀을 되새기면서 미사에 집중하고 있었습니다. 그런데 말씀 전례를 마치고 성찬 전례를 시작할 때쯤 어디선가 갓난아기의 울음소리가 들리기 시작했습니다.

'전 세계 교회의 중심이라 할 수 있는 성 베드로 대성당에서 교황님이 거행하는 거룩한 성탄 밤 미사인데, 난데없이 아기 울음소리라니…' 마음이 요동치기 시작했습니다. '누가 어떻게 해야 하지 않나? 도대체 아기 엄마는 뭐 하는 거지? 근위병이라도 달려가서 아기를 얼른 성당 밖으로 데리고 나가야 하지 않나?' 머릿속에 떠오르는 갖가지 분심과 걱정에도 불구하고, 아기의 울음은 성찬례 내내 대성당을 가득 채웠습니다.

불현듯 한 가지 생각이 번쩍 머리를 스쳤습니다. '아, 그렇구나! 하느님께서 정말 이렇게 아기의 모습으로 우리를 찾아오셨구나!' 말씀이 사람이 되신(요한 1,14) 육화와 강생의 신비가 그 순간 생생한 현실로 다가왔습니다. 그러고 보면 하느님께서 인간이 되시어 처음으로 하신 말씀은 다름 아닌 '응애!'일 것입니다. 어수선했던 마음에 기쁨과 감동이 샘솟았습니다. 저는 대성당에 울려 퍼지는 아기 울음소리를 들으며, 주님께 감사기도를 드렸습니다. 그날 하느님께서는 참으로 우리 가운데 계셨습니다(마태 1,23).

다윗의 자손이시며 아브라함의 자손이신 예수 그리스도의 족보(1,1).

마태오 복음사가는 복음서의 시작에서 예수님을 '다윗의 자손'이며 '아브라함의 자손'이라고 부릅니다. 예수님께서 이스라엘 백성이 오랫동안 기다려 온 메시아임을 알리는 것입니다. 처음부터 마태오복음서는 유다교 색채를 선명히 드러냅니다. 이러한 특징은 복음서 전반에 걸쳐 계속해서 나타납니다. 마태오는 구약성경을 자주 인용하면서 율법과 예언서에 언급된 하느님의 약속이 마침내 예수님에게서 완전히 성취되었음을 전합니다(5,17).

정통성과 혈통을 매우 중시한 유다 사회에서, 아브라함과 다윗을 비롯해 여러 족장과 임금을 거쳐서 예수님에 이르는 족보(1,1-17)는 하느님의 구원을 완성하러 오신 예수님의 정체를 분명하게 드러냅니다. 복음사가는 이 족보를 통해 이스라엘 역사에서 약속된 메시아의 출현을 알립니다.

족보 말미에 나오는 "아브라함부터 다윗까지가 십사 대이고, 다윗부터 바빌론 유배까지가 십사 대이며, 바빌론 유배부터 그리스도까지가 십사 대이다"(1,17)라는 구절에서 숫자 14에 주목해야 합니다. 히브리어 알파벳은 고유한 숫자 값을 지니고 있습니다. 이를 바탕으로 단어의 뜻을 해석하는 방법을 '게마트리아 Gematria'라고 합니다. 이에 따르면, 숫자 14는 '다윗의 수'를 의미합니다. '다윗'의 히브리어 표기인 다비드דוד는 히브리어 알파벳인 달렛(ד, 숫자 4), 바브(ו, 숫자 6), 달렛(ד, 숫자 4)의 조합으로 형성된 단어로, 이를 모두 합하면 숫자 14가 됩니다. 복음사가는 '십사 대'를 세 번이나 반복하면서, 예수 그리스도야말로 이스라엘 백성이 애타게 기다려 온 다윗의 자손이고, 다윗과 같은, 다윗보다 더 위대한 임금이요 메시아임을 강조합니다. 따라서 17절은 예수 그리스도의 정통성과 충만함을 부각합니다.

족보에는 여인 네 사람이 언급됩니다(구약에서 죄인이며 이방인으로 등장하는 타마르, 라합, 룻, '우리야의 아내'로 불리는 밧 세바). 이들을 통해서 우리는 유다인과 이방인, 죄인과 의인, 곧 모든 이를 구원으로 초대하시는 하느님의 섭리(구원의 보편성)와 이를 완수하는 예수님의 사명을 미리 떠올릴 수 있습니다. 그 여인들은 인간이 도저히 이해할 수 없는 신비롭고 초자연적인 방법으로 역사 안에서 당신의 뜻을 이루시는 하느님의 구원 의지를 나타냅니다. 이는 예수 그리스도의 탄생 이야기(1,18-25)에서 결정적으로 확인됩니다.

요셉은 마리아와 약혼하였는데, 그들이 같이 살기도 전에 마리아가 성령으로 잉태한 사실이 드러납니다. '의로운' 요셉(1,19)은 남몰래 마리아와 파혼하기로 결심합니다. 요셉이 겪었을 걱정과 고뇌는 이루 말할 수 없었을 것입니다. 율법에 따르면 마리아와 태안의 생명은 죽음에 처할 수도 있는 상황이었습니다. 그러나 '초월적 의로움'으로 마리아를 사랑한 요셉은 파혼을 결정합니다. 그런데 구약성경에서처럼 하느님께서 결정적으로 개입하십니다(창세 16,7.13; 탈출 3,2 참조). 요셉은 꿈에 나타난 주님의 천사에게서 다음과 같은 말씀을 듣습니다.

> **다윗의 자손 요셉아, 두려워하지 말고 마리아를 아내로 맞아들여라**(1,20).

앞에서 보았듯이, 창세 3장에서 하느님을 향한 인간의 첫마디는 '두려움'에 관한 것이었습니다. "동산에서 당신의 소리를 듣고 제가 알몸이기 때문에 두려워 숨었습니다"(창세 3,10). 죄지은 인간은 필연적으로 두려움과 외로움, 불안에 허덕이게 됩니다. 그런데 신약성경의 문을 여는 마태오복음서의 서두에서 우리는 두려워하지 말라는 하느님의 목소리를 듣습니다. 인간의 근원적 두려움을 극복하게 하는 원천이 이어지는 천사의 말에서 나타납니다.

> 마리아가 아들을 낳으리니 그 이름을 예수라고 하여라. 그분께서 당신 백성을 죄에서 구원하실 것이다. 보아라, 동정녀가 잉태하여 아들을 낳으리니 그 이름은 임마누엘이라고 하리라. … 임마누엘은 번역하면 '하느님께서 우리와 함께 계시다'는 뜻이다(1,21.23).

하느님께서 두려워하지 말라고 말씀하신 것은 아들 예수님을 우리에게 보내셨기 때문입니다. 예수님께서는 그 이름의 뜻대로 우리를 죄에서 구원하시고(예수아ישוע: '하느님이 구원하신다') 우리 가운데 머무르십니다(임마누엘עמנואל: '하느님이 우리와 함께 계시다'). 덕분에 우리는 무엇도 두려워할 필요가 없습니다. 인간을 참으로 사랑하시어 인간이 되어 오신 하느님, 십자가의 사랑으로 인간을 죄에서 구원해 주신 그리스도, 세상 끝 날까지 언제나 함께하시는 '예수-임마누엘'로 말미암아 우리는 세상의 온갖 두려움을 이겨 낼 수 있습니다.

> 잠에서 깨어난 요셉은 주님의 천사가 명령한 대로 아내를 맞아들였다. … 그리고 아들의 이름을 예수라고 하였다(1,24.25).

의로운 요셉은 말이 아닌 행동으로 하느님의 뜻을 따릅니다. 복음서에서 예수님의 양부인 요셉의 목소리는 들리지 않습니다. 그는 오직 하느님의 섭리에 모든 것을 맡기고, 하느님의 뜻에 따라 행동할 뿐입니다. 요셉은 예수 그리스도의 탄생을 돕고, 성가정을 보호하며, 하느님 구원 사업의 조력자로서 묵묵히 본인의 임무를 다합니다.

17세기 독일의 가톨릭 사제이자 시인인 안겔루스 질레지우스(Angelus Silesius, 1624-1677)는 이렇게 말합니다. "그리스도께서 천 번을 베들레헴에서 태어나신다 해도 그대 안에서 태어나시지 않는다면, 그대는 영원히 길을 잃고 헤맬 뿐입니다." 예수 그리스도의 기원과 탄생을 전하는 마태 1장을 묵상하면서, 각자 삶의 자리에서 울려 퍼지는 아기 예수님의 울음소리에 귀 기울여 봅시다. '지금 여기' 우리 안에서 새롭게 태어나시는 주님을 만난다면, 마땅히 예수-임마누엘 하느님께 감사와 찬미의 기도를 바치게 될 것입니다. 시대와 역사를 초월하여 모든 이를 구원으로 초대하시는 하느님의 섭리에 '두려움 없이' 충실히 응답하며 주님과 함께 오늘을 살아갑시다.

동방 박사의 방문, 이집트 피신과 귀환 2,1-23

**우리는 동방에서 그분의 별을 보고
그분께 경배하러 왔습니다 (2,2)**

매년 성탄이 다가오면 각 본당에서는 구유와 성탄 장식을 준비하느라 여념이 없습니다. 마침내 성탄 밤 미사를 봉헌하며 비어 있던 구유에 아기 예수님을 고이 모시면, 그동안의 수고와 근심이 모두 사라지고 마음에는 평화가 깃듭니다. 구유에 누워 새근새근 잠이 든 아기 예수님을 바라보노라면 모든 걱정과 불안, 미움과 두려움이 씻은 듯 사라집니다. "그리스도는 우리의 평화"(에페 2,14)이시기 때문입니다.

마태 1-2장은 마르코복음서에는 나오지 않는 예수님의 기원과 탄생 이야기를 전합니다. 구약성경을 인용하여(1,23; 2,6.15.18.23) 예수 그리스도를 통해 실현되는 하느님의 구원 약속을 알리며, 옛 계약의 시대(구약성경)와 예수님에게서 시작되는 새 계약의 시대(복음서)를 매끄럽게 연결합니다. 이 같은 특징은 예수님의 탄생과 유년 시절을 전하는 루카 1-2장에서도 확인할 수 있습니다.

마태 2,1은 예수님께서 헤로데 임금 시대에 유다 베들레헴에서 태어나셨다고 전합니다. 역사적으로 헤로데는 기원전 73년경에 태어나 41년에 유다의 영주가 되었고 이듬해 로마 원로원에 의해 유다 임금으로 임명된 후 4년에 사망했습니다. 따라서 예수님은 적어도 기원전 4년 이전에 태어나신 셈입니다. 유다 베들레헴(2,1.5.6.8.16)은 다윗의 고향이었습니다(1사무 17,12). 이스라엘 백성은 바로 그곳에서 다윗의 후손 가운데 메시아가 오리라고 믿었습니다. 그 간절한 기대(미카 5,1; 2사무 5,2)가 예수님에게서 이루어집니다.

유다인들의 임금으로 태어나신 분이 어디 계십니까?(2,2).

동방에서 박사들이 아기 예수님을 찾아옵니다. 《성경》에서 '박사'로 번역된 그리스어 마고스μάγος는 당시 천문학이나 점성술, 꿈풀이에 능통한 현자를 가리킵니다. 더욱이 그들은 동방에서 온 이방인이었습니다. 예수님의 정체가 이방인을 통해 모든 이에게 드러난다는 사실은 매우 놀랍습니다. 박사들은 예루살렘에 와서 "유다인들의 임금으로 태어나신 분"(2,2.6)이 어디 계시냐고 묻습니다. 이는 복음서 서두에서 선포된 "다윗의 자손"(1,1)이라는 예수님의 호칭을 더욱 확장합니다.

'유다인들의 임금'이라는 칭호는 예수님께서 총독에게 신문받으실 때와 군사들에게 조롱당하실 때 그리고 십자가에 못 박히실 때 다시 등장합니다(27,11.29.37). 따라서 이 호칭은 예수님의 운명, 곧 장차 겪으실 수난을 암시합니다. 예수님의 탄생 이야기에서 이미 십자가 죽음이 예고되는 것이지요. '유다인들의 임금'으로 오신 우리의 주님이 바로 십자가의 그리스도이십니다.

그들은 그 별을 보고 더없이 기뻐하였다(2,10).

박사들은 밤하늘에 찬란히 빛나는 별을 보고 '유다인들의 임금'을 경배하기 위해 먼 길을 떠나왔습니다. 마침내 별이 멈춘 곳에서 구원자 예수님을 만났을 때, 그 기쁨은 이루 말할 수 없었을 것입니다. 그들은 '유다인들의 임금'이신 아기 예수님 앞에 엎드려 경배합니다. '경배하다', '엎드리다'를 뜻하는 프로스쿠네오 προσκυνέω는 마태오복음서에서 주로 예수님을 향해 사용되는 동사입니다(2,2; 8,2; 14,33; 28,9). 구약성경을 그리스어로 번역한 칠십인역에서도 이 단어는 하느님을 향한 인간의 합당한 자세를 나타냅니다(탈출 34,8; 2역대 7,3; 이사 27,13). 마태오 복음사가는 이 동사를 예수님의 탄생(2,2.8.11)과 부활 이야기(28,9.17)에서 많이 사용합니다. 이는 수미상관 inclusio 구조로 '임마누엘'(1,23; 28,20),

곧 예수님을 통한 하느님의 현존이라는 주제를 강조하며, 예수님의 정체를 드러내는 데 기여합니다.

   박사들은 아기 예수님께 경배한 후 황금과 유향과 몰약을 예물로 드립니다. 황금은 온 누리의 임금이신 예수님의 왕권을 나타내고, 유향은 참하느님이신 예수님의 신성을 표상하며, 몰약은 참인간이신 예수님의 수난과 죽음을 상징합니다. 인간의 입장에서 황금은 하느님께 드릴 수 있는 가장 고귀하고 값진 선물인 애덕의 실천이라고 할 수 있습니다. 유향은 기도로 피워 올리는 향기(2코린 2,15)를, 몰약은 희생과 봉헌, 예수님과 함께하는 십자가 죽음을 의미할 수 있습니다. 과연 우리는 아기 예수님께 어떤 예물을 바칠 수 있을까요?

2,13-23은 성가정의 이집트 피신(13-15절), 헤로데가 베들레헴 일대의 아기들을 학살한 사건(16-18절), 성가정이 이집트에서 돌아와 갈릴래아 지방 나자렛에 자리를 잡은 일(19-23절)을 차례로 전합니다. 여기서 구약의 어떤 사건이 떠오르지 않으십니까? 바로 이집트 탈출입니다. 이스라엘 백성이 모세의 인도로 이집트 종살이에 해방되어 젖과 꿀이 흐르는 약속의 땅 가나안에 들어간 사건은 하느님의 구원 역사였습니다. 아기 예수님을 모신 성가정의 모습은 신약에 이루어질 하느님 백성의 새로운 파스카를 예고합니다.

하느님께서는 꿈에 천사를 보내시어(12.13.19.22절) 성가정을 인도하고 보호하십니다. 이는 하느님의 뜻에 순종하는 요셉의 행동(14-15.21-23절)으로 실현됩니다. 이렇게 하느님의 구원 역사는 멈추지 않고 흘러갑니다. 하느님의 섭리는 매우 놀랍습니다. 한결같이 행동으로 응답하는 요셉의 믿음은 깊은 울림을 줍니다. 마리아와 요셉은 예수님과 함께 나자렛에 자리를 잡습니다(23절). 나자렛 생활은 성경에서 거의 드러나지 않습니다. 예수님께서는 이제 묵묵히 하늘 나라의 복음 선포를 준비하십니다.

세상의 모든 아버지를 떠올려 봅니다. 그들은 아내와 자녀를 돌보고 가정을 지키기 위해 완벽하지는 않을지라도 최선을 다합니다. 성가정의 수호자이며 모범이신 요셉 성인에게 전구를 청합니다. 모든 가정이 성가정을 본받아 예수님을 삶의 중심에 모시고 주님의 뜻에 따라 살며, 마침내 영원한 천상 가정에 들기를 기도합니다.

세례 3,1-17

이는 내가 사랑하는 아들,
내 마음에 드는 아들이다 (3,17)

이스라엘 순례 중에 요한이 예수님께 세례를 베풀었다고 여겨지는 요르단강을 방문한 적이 있습니다. 많은 순례객이 흰옷을 입고 머리끝까지 온몸이 잠기도록 물속에 들어갔다 나오는 예식을 거행하고 있었습니다. 아마 대부분은 이미 세례를 받았을 터인데, 예수님께서 세례 받으신 곳에서 그분과 같은 방식으로 특별한 세례를 체험하고 싶었을 것입니다. 세례를 받는다는 것은 무슨 의미일까요? 우리는 세례를 통해 죄를 씻고 하느님의 자녀가 되며 예수 그리스도와 하나가 됩니다.

마태 3-4장은 전반적으로 마르 1장의 짜임을 따라 흘러갑니다. 3,1-4,11은 예수님의 본격적인 복음 선포를 위한 준비라고 할 수 있습니다. 3장은 세례자 요한의 설교(1-12절)와 예수님의 세례(13-

17절)로 구성됩니다. 이사 40,3의 말씀처럼 세례자 요한은 '광야에서 외치는 이의 소리'로서 '말씀'이신(요한 1,1) 주님의 오심을 준비하며 예루살렘과 온 유다와 요르단 부근 지방의 모든 사람에게 세례를 베풀고, 예수님께서 선포하실 '회개와 하늘 나라의 도래'(마태 4,17 참조)를 미리 알립니다(1-6절).

회개는 마음과 생각을 바꾸는 것입니다. 근본적으로는 삶의 방향을 하느님께로 돌리는 일입니다. 회개에는 합당한 열매가 뒤따라야 합니다(3,8). 그 열매는 하느님의 말씀을 구체적으로 실행함으로써 얻을 수 있습니다. 열매 맺지 않는 나무는 모두 찍혀서 불 속에 던져지고, 수확 때에 알곡은 곳간에 모아들여지며 쭉정이는 불에 태워질 것이라는 묘사(10.12절)는 세상 종말에 있을 심판을 나타냅니다. 이 마지막 심판은 요한 뒤에 오시는 분, 곧 성령과 불로 세례를 베푸실 예수 그리스도에 의해 이루어집니다(11-12절).

예수님의 세례 이야기(3,13-17)가 이어집니다. 세례 장면을 간략하게 전하는 다른 공관복음서(마르 1,9-11; 루카 3,21-22)와는 달리, 마태오복음서에서는 요한과 예수님이 주고받는 대화가 눈에 띕니다. 요한은 예수님의 신발을 들고 다닐 자격조차 없다고(마태 3,11) 자신을 겸손하게 낮추었기에, 죄인들 틈에 섞여 세례를 받으러 오신 예수님을 만류합니다. "제가 선생님께 세례를 받아야 할 터인데 선생님께서 저에게 오시다니요?"(14절). 그러자 예수님께서는 이렇게 말씀하십니다.

지금은 이대로 하십시오. 우리는 이렇게 해서 마땅히 모든 의로움을 이루어야 합니다(3,15).

마태오복음서에서 '의로움'(디카이오쉬네δικαιοσύνη)은 매우 중요한 용어입니다. 구약에서는 율법에 대한 충실성을 의미하는데, 이는 궁극적으로 하느님의 뜻에 전적으로 헌신하고 하느님의 말씀을 실천하는 것입니다. 그런 의미에서 예수님의 양부인 요셉 역시 의로운 사람으로 불렸습니다(1,19). 산상 설교(5-7장)에서도 예수님께서는 제자들에게 세상 걱정과 인간적인 고민으로 혼란스러워하지 말고 "먼저 하느님의 나라와 그분의 의로움을 찾아라"(6,33) 하고 당부하십니다.

마태오복음서 전체에서 예수님은 의로움의 모범으로 제시됩니다. 예수님께서는 공생활을 시작하기 전에 요한에게 세례를 받으심으로써 하느님의 뜻에 순종하셨습니다. 이러한 그분의 의로움은 모든 이를 구원하기 위해 십자가 죽음까지 받아들인 데서 완전히 드러납니다. 예수님께서는 지극한 겸손과 사랑으로 하느님의 뜻을 완성하십니다.

세례의 순간에 성부와 성자와 성령께서 함께하십니다. 예수님께서 물에서 올라오실 때 하늘이 열리고 하느님의 영이 비둘기처럼 예수님 위로 내려오시며, 하늘에서 들려오는 소리가 예수님의 정체를 계시합니다.

> 이는 내가 사랑하는 아들, 내 마음에 드는 아들이다(3,17).

이 말씀은 다윗을 향한 시편을 떠올리게 합니다. "너는 내 아들. 내가 오늘 너를 낳았노라"(시편 2,7). 다윗의 자손인 예수님은 사람들이 오랫동안 기다려 온 약속된 메시아입니다. 이 말씀은 이사야서 말씀과도 연결됩니다. "여기에 나의 종이 있다. 그는 내가 붙들어 주는 이, 내가 선택한 이, 내 마음에 드는 이다"(이사 42,1). '고통받는 주님의 종의 노래'(이사 42,1-9; 49,1-7; 50,4-11; 52,13-53,12)를 상기시키는 이 말씀은 하느님의 아드님이신 예수님이 우리를 위해 십자가의 희생과 죽음을 기꺼이 받아들이시는 분임을 알려 줍니다. 이 예언은 마태 12,18-21에서 다시 한번 인용됩니다.

예수님께서 세례를 받으실 때 하늘에서 들려온 말씀을 우리는 거룩한 변모 사건에서 다시 한번 듣습니다. "이는 내가 사랑하는 아들, 내 마음에 드는 아들이니 너희는 그의 말을 들어라"(17,5). 이 말씀은 제자들로 하여금 예수님의 수난과 영광스러운 부활을 미리 준비하도록 이끕니다. 한편 '하느님의 아드님'이라는 예수님의 정체는 그분이 돌아가신 직후, 십자가 아래에 있었던 이방인 백인대장의 고백으로 만천하에 선포됩니다. "참으로 이분은 하느님의 아드님이셨다"(27,54).

각자 세례의 기억을 떠올려 봅시다. 그때에도 성부, 성자, 성령께서 우리와 함께 계셨습니다. 우리가 듣지 못했을지라도 하느님 아버지께서 '이는 내가 사랑하는 자녀, 내 마음에 드는 자녀다'라고 말씀하시지 않았을까요? 나를 향한 그분의 따뜻한 목소리, 흐뭇한 미소를 상상해 봅시다. 생각만 해도 거룩하고 복된 순간입니다. 그러나 거기에만 머물러서는 안 됩니다. 예수님과 같은 세례를 받은 우리는 그분과 함께 십자가를 지고 성자의 구원 사업에 동참해야 합니다. 이제 예수님과 우리는 떼려야 뗄 수 없는 한 몸이기 때문입니다. "우리는 그분의 죽음과 하나 되는 세례를 통하여 그분과 함께 묻혔습니다"(로마 6,4).

유혹 4,1-11

당신이 하느님의
아들이라면(4,3.6)

 이스라엘에는 예수님께서 유혹을 받으신 곳이라 전해지는 이른바 '유혹산' 성지(?)가 있습니다. 이런 곳도 '성지'라고 부르다니! 온갖 유혹이 난무하고 선과 악이 공존하는 우리네 세상이라도 하느님께서 함께 계시면, 하느님의 말씀으로 사는 사람이 있으면, 그곳이 바로 거룩한 땅입니다.

 저는 '유혹산'을 배경으로 사진을 찍었습니다. 사진을 보니, 마치 산이 저를 내려다보며 씩 웃는 것 같았습니다. '이 녀석아, 내가 너를 유혹해 주마. 내 얘기를 한번 들어 봐' 하고 말하는 듯했습니다. 입구에서는 즉석에서 갈아 낸 석류 주스를 팔았습니다. 신선하고 달콤했던 맛을 잊을 수 없습니다. 이처럼 유혹은 마음을 사로잡고 정신을 혼미하게 만듭니다. 그리고 언제나 우리 주위에, 그것도 아주 가까이에 있습니다. 우리는 그 감미로움을 잊지 못하고 자꾸만 그쪽을 기웃거립니다. 그런데 예수님도 유혹을 받으셨습니다.

> 그때에 예수님께서는 성령의 인도로 광야에 나가시어, 악마에게 유혹을 받으셨다(4,1).

공관복음은 예수님을 광야로 이끄신 분이 '성령'이었다고 전합니다(마르 1,12; 루카 4,1). 세례를 받은 예수님에게 내려오신 성령(마태 3,16)께서 어째서 곧바로 예수님을 황량한 광야로 인도하여 악마에게 유혹을 받도록 하셨는지 의아할 수 있습니다. 이 이야기에는 중요한 메시지가 담겨 있습니다. 무엇보다도 악에 적극적으로 대항하고 유혹을 물리치시는 예수님의 우월성을 보여 줍니다. 부르심을 받은 이에게 가장 근본적인 것이 무엇인지도 알려 줍니다. 우리는 예수님의 모습을 주의 깊게 보면서 악의 유혹에 어떻게 대응해야 하는지도 배울 수 있습니다.

> 당신이 하느님의 아들이라면(4,3.6).

악마는 유혹을 시작할 때 "당신이 하느님의 아들이라면"이라는 말로 예수님을 부추깁니다. 이 표현은 신약성경에 모두 다섯 번 쓰이는데, 그중 네 번은 예수님께서 광야에서 유혹을 받는 장면에 나옵니다(마태 4,3.6; 루카 4,3.9). 이 어구가 마지막으로 등장하는 곳은 마태 27장입니다. 지나가던 사람들이 십자가에 못 박히신 예수님을 향해 이렇게 빈정거립니다. "네가 하느님의 아들이라면 십자가에서 내려와 보아라"(27,40).

'하느님의 아들'이신 예수님께서는 당신의 존재와 능력에 관해 처음부터 악마에게 노골적인 유혹을 받으셨습니다. 생의 마지막 순간까지 같은 유혹에 직면하지만, 끝까지 십자가에 매달리심으로써 사명을 완수하십니다. 동시에 이렇게 아버지의 뜻에 순종하심으로써 당신이 참으로 '하느님의 아들'임을 보여 주십니다.

공생활을 앞두고 받으신 유혹은 예수님의 소명과 직결됩니다. 세 가지 유혹은 흔히 물욕(3절), 권력욕(6절), 명예욕(9절)으로 이해됩니다. 이에 맞서는 예수님의 말씀에서, 유혹이란 결국 하느님의 자리에 다른 것을 두려는 모든 시도임을 깨닫습니다. 악마의 세 번째 유혹 끝에 예수님께서는 이렇게 말씀하십니다.

> 주 너의 하느님께 경배하고 그분만을 섬겨라(4,10).

신명 6,13을 인용한 이 말씀은 이스라엘 백성을 향한 하느님의 목소리를 상기시킵니다. 이스라엘은 광야에서 하느님을 시험하고 우상을 따르는 유혹에 빠졌습니다. 생명과 자유를 주신 하느님을 저버린 대가를 치른 다음에야 오직 하느님만을 섬겨야 함을 절실히 깨달았습니다. 신앙의 근본은 하느님을 모든 것의 첫째 자리에 두는 데 있습니다. 그러나 그 자리에 사람과 사물, 세속적 가치를 슬며시 올려놓고 경배할 때가 얼마나 많은가요. 그것이 유혹입니다. 유혹은 사소한 데서 시작됩니다. 작은 일이 큰 일이 되고 한두 번이 여러 번이 되면서 점점 하느님에게서 멀어집니다. 결국 하느님을 거부하고 완전히 등지고 맙니다.

예수님께서 유혹을 받으시는 광야 장면으로 돌아갑시다. 흥미롭게도, 유혹하는 자의 정체가 처음에는 모호합니다. 그 존재는 4,1에서 "악마"(디아볼로스διάβολος)로, 3절에서 "유혹자"(호 페이라존ὁ πειράζων)로 언급됩니다. 5.8.11절에서 다시 "악마"라고 불리다가 10절에서 예수님의 입을 통해 그 정체가 "사탄"(사타나satanā: 히브리어 사탄שָׂטָן에서 유래)이라고 밝혀집니다. 그리스어 '디아볼로스'와 히브리어 '사탄'은 의미상 큰 차이가 없습니다. 그러나 본문에 나타난 이러한 호칭 변화는 유혹하는 자의 본질을 이해하게 해 줍니다. 즉 악마는 처음에는 정체를 숨기고 인간에게 다가오지만 결국 그 실체를 드러냅니다.

하느님이신 예수님도 우리와 똑같이 유혹을 받으셨다는 사실은 위안을 줍니다. 그럼에도 불구하고 죄를 짓지 않으셨다는 사실은 용기를 줍니다(히브 4,15). 예수님께서는 선의 근원이고 '말씀'이며(요한 1,1) 하느님의 거룩한 아드님으로서 악의 실체를 꿰뚫어 보시고 하느님의 말씀으로 악을 단호히 물리치십니다(마태 4,4.7.10). 우리는 빵으로도 살아가지만, 궁극적으로 우리를 살리는 것은 '하느님의 말씀'입니다.

유혹은 우리 삶 곳곳에 도사리고 있습니다. 악의 유혹을 이겨 내기 위해서 우리도 하느님의 말씀으로 무장해야 합니다(에페 6,10-20 참조). 믿음과 말씀으로 유혹을 극복하려고 애쓰는 과정 자체가 '하느님만을 섬기는 삶'의 근본일 것입니다. 늘 주님의 말씀을 깊이 간직하며 말씀의 힘으로 유혹을 물리칠 수 있도록 예수님께 보호를 간청합시다. "저희를 유혹에 빠지지 않게 하시고 저희를 악에서 구하소서"(6,13).

III

예수님의 공생활과 하늘 나라 선포
4,12–11,1

공생활의 시작
4,12-17

> 회개하여라.
> 하늘 나라가 가까이 왔다.(4,17)

 갈릴래아 호숫가에서 바라본 일출을 잊지 못합니다. 새벽녘 호수의 파도 소리, 일렁이는 물결 위로 번지는 햇살, 서서히 드러나는 주변의 지형, 마음에 잔잔하게 차오르던 평화가 아직도 생생합니다. 그 아침, 호숫가에 앉아 이천여 년 전에 예수님을 비춘 해를 바라보고 그분을 감싼 공기를 깊이 들이마시며 저는 주님의 현존을 느꼈습니다.

 갈릴래아 호수는 신기하게도 사람의 심장 모양으로 생겼습니다. 심장은 수축과 이완을 통해 혈액을 온몸으로 공급하는, 우리 몸에서 매우 중요한 기관입니다. 저는 예수님께서 처음으로 하느님 나라의 복음을 선포하신 호수를 바라보면서, 하느님의 사랑이 그곳에서 세상 곳곳으로 퍼져 나가는 모습을 그려 보았습니다. 주님의 심장이 힘차게 고동치는 소리가 귓가에 들리는 듯했습니다. 모든 이에게 하느님의 사랑을 전하러 오신 예수님의 숨결과 뜨거운 마음을 느꼈던 갈릴래아 호숫가의 기억은 여전히 마음을 흔들어 놓습니다.

> **요르단 건너편 이민족들의 갈릴래아, 어둠 속에 앉아 있는 백성이 큰 빛을 보았다. 죽음의 그림자가 드리운 고장에 앉아 있는 이들에게 빛이 떠올랐다**(4,15-16).

갈릴래아는 유다인에게 이방인의 땅이었고, 예루살렘 성전이 중심이던 유다 지역에 비해 소외된 지역이었습니다. 하지만 이민족들의 갈릴래아에서 어둠 속에 앉아 있던 백성에게 빛이 떠오릅니다. 모든 이의 빛이신 예수님께서 오신 것입니다(요한 1,9; 8,12). 복음 선포의 시작부터 예수님의 구원 사명은 세상 모든 이를 향한다는 사실이 드러납니다.

　예수님께서 공생활을 시작하신 갈릴래아는 그분의 고향 나자렛이 위치한 지역이며, 제자들의 고향이기도 합니다. 예수님께서는 그곳에서 하느님 나라의 복음을 선포하셨고, 병자를 치유하고 마귀를 쫓아내며 여러 기적을 통해 하느님 나라를 보여 주셨습니다. 그래서 갈릴래아에서 많은 군중이 그분을 따랐는데, 가난하고 소외된 이들이 특히 그러했습니다. 예수님의 주된 활동 무대였던 갈릴래아는 가난하고 소외된 이들을 향한 주님의 사랑과 자비가 드러난 삶의 자리였습니다.

제자들에게도 갈릴래아는 특별한 장소입니다. 첫 제자들은 갈릴래아 호숫가에서 스승이신 예수님을 만나 부르심을 받았기에, 첫사랑의 추억이 서린 소중한 곳으로 각인되었을 것입니다(마태 4,12-25). 예수님께서 부활하시어 제자들을 다시 만나 모든 이에게 복음을 전하라는 사명을 주신 곳도 갈릴래아입니다(28,16-20). 이처럼 복음사가는 갈릴래아를 중심으로 제자직이 시작되고 성장하며 퍼져 나간 것을 강조합니다.

회개하여라. 하늘 나라가 가까이 왔다(4,17).

예수님께서는 하늘 나라의 도래를 선포하기에 앞서 "회개하여라" 하고 명령하십니다. 회개는 하늘 나라를 맞이하기 위한 전제 조건입니다. '회개'를 의미하는 명사 메타노이아μετάνοια와 동사 메타노에오μετανοέω는 '뒤에', '…와 함께'를 뜻하는 전치사 메타μετα와 '마음', '생각'을 의미하는 명사 누스νοῦς가 합쳐진 단어입니다. 이 어원을 생각해 보면, 회개란 '마음(생각) 너머', '마음 이면에', '마음과 함께', '한 차원 위의 마음' 등으로 이해할 수 있습니다. 이는 단순히 잘못을 뉘우치거나 후회하는 감정이 아니라 '근본적인 마음의 변화'를 의미합니다.

조금 더 풀어 보면, 회개는 '삶의 방향을 바꾸는 마음의 변화'

라고 할 수 있습니다. 삶의 목적이 달라지고, 의식과 행동이 그에 걸맞도록 새롭게 정립되는 것이지요. 그렇다면 회개는 궁극적으로 어디를 향해야 할까요? 회개는 가장 근원적인 마음으로 되돌아가는 것, 바로 하느님을 향하는 것입니다. 따라서 진정한 의미의 회개란 자기중심에서 하느님 중심으로 넘어가는 마음의 변화이자, 새로운 삶으로 나아가는 태도의 전환입니다.

'하늘 나라'는 예수님께서 선포하시는 복음의 핵심으로 '하느님 나라'와 동일한 의미입니다. 마태오 복음사가는 거룩하신 하느님의 이름을 직접 입에 담지 않는 유다인의 관습을 반영하여 '하늘 나라'라는 표현을 선호했습니다. 이는 마태오 공동체가 주로 유다계 그리스도인들로 구성되었음을 시사합니다.

바실레이아 $\beta\alpha\sigma\iota\lambda\varepsilon\acute{\iota}\alpha$는 본래 '나라', '왕국'을 뜻하는 장소 개념입니다. 하늘 나라는 그 차원을 넘어 '하느님의 다스림', '하느님의 통치', '하느님의 주권이 이루어지는 상태', '하느님 구원의 실현' 등을 의미합니다. 결국 하늘 나라는 하느님 자신이라고도 할 수 있습니다. 예수님께서는 말씀과 행적으로 구원의 기쁜 소식을 선포하시고 십자가 죽음과 부활로 죄를 용서하심으로써 모든 이에게 하느님 나라를 열어 주십니다. 즉, 하늘 나라는 예수님에 의해 완전하게 실현됩니다. 그러므로 하늘 나라는 예수님의 인격과 연결되어 있습니다. 3세기 교부이자 신학자인 알렉산드리아의 오리

게네스(Origenes, 185-254)가 말했듯이 "그리스도 자신이 곧 하느님 나라"입니다.

"하늘 나라가 가까이 왔다"(4,17)라는 말씀은 시간적으로나 공간적으로나 모두 하늘 나라가 가까이 다가왔음을 의미합니다. 그런데 가까이 왔다는 것이 하느님 나라가 도래했다는 뜻일까요? 아니면 오고 있다는 뜻일까요? 이는 예수 그리스도를 통해 하느님 나라가 '이미' 우리 가운데 시작되었다는 현재적 의미와 '그러나 아직' 완성되지는 않았다는 종말론적 의미를 모두 담고 있습니다.

예수님께서 선포하신 구원의 기쁜 소식에서 우리는 하늘 나라의 역동성을 발견합니다. 저마다 삶의 자리에서 하느님의 섭리와 예수님의 현존을 체험한다면, 하루하루를 주님의 뜻에 따라 살아간다면, 그것이 바로 하느님 나라가 아닐까요? 우리 모두가 지금 여기 삶 한가운데에 가까이 와 있는 하늘 나라의 참행복을 누릴 수 있길 바랍니다. 그러려면 먼저 회개부터 해야겠지요.

첫 제자들을 부르심
4,18-22

**나를 따라오너라. 내가 너희를
사람 낚는 어부로 만들겠다** (4,19)

30여 년 전, 신학교에 입학하기로 결심하면서 주변 사람들에게 왜 사제가 되려고 하느냐는 질문을 많이 받았습니다. 저에게 사제직은 스스로 선택하는 직업이 아니라, 예수님께서 저를 부르고 원하신다는 강한 끌림과 확신에서 비롯된 응답이었습니다. 저를 이해하지 못하는 사람도 많았습니다. 그러나 성소는 전적으로 주님 사랑의 초대였고, 궁극적으로는 주님과 함께 하늘 나라의 기쁜 소식을 세상 사람들에게 전하기 위한 것이었습니다.

신앙인에게는 저마다 부르심의 기억이 있을 것입니다. 그 기억을 떠올리며 스스로에게 물어봅시다. '나는 부름 받은 사람인가? 부름 받는다는 것은 무슨 의미일까? 내가 하느님을 택했는가, 하느님께서 나를 택하셨는가? 이 부르심은 무엇을 위한 것일까?'

예수님께서는 공생활을 시작하시고 가장 먼저 제자들을 부르십니다. 이는 그 일이 예수님에게 꼭 필요하고 중요했음을 의미합니다. 그분이 제자들을 부르신 이유는 '하늘 나라의 복음 선포'의 연장으로 이해할 수 있습니다.

> 나를 따라오너라. 내가 너희를 사람 낚는 어부로 만들겠다 (4,19).

첫 제자인 베드로와 안드레아, 야고보와 요한은 어부였습니다. 예수님께서 삶의 현장에 있는 그들을 보시고 제자로 부르십니다(18.19.21절). 놀랍게도, 그들은 부르심을 받자마자 예수님을 따릅니다. 보통은 낯선 사람이 부른다고 선뜻 따라나서지 않지요. 그런데 예수님의 시선과 음성에는 삶의 방향을 바꾸게 하는 힘이 있었습니다. 그들은 생계를 위한 그물과 배를 버리고, 아버지까지 남겨 둔 채 예수님을 따릅니다. 여기서 '따르다'를 뜻하는 동사 아콜루테오ἀκολουθέω는 예수님의 부르심에 대한 제자들의 긍정적인 응답을 나타내며, 본문에서 두 번 반복됩니다(20.22절).

제자들만 예수님을 따른 것은 아닙니다. 예수님의 치유와 기적을 체험한 많은 군중도 갈릴래아를 비롯한 여러 지역에서 몰려와 그분을 따랐습니다(23-25절). 그러나 제자의 따름과 군중의 따름에는 분명 차이가 있습니다. 바로 '포기'와 '헌신'입니다. 다시 말해 예수님의 제자가 되기 위해서는 모든 것을 버리고 (20.22절) 그분의 부름에 전적으로 순종해야 합니다. 여러분은 예수님의 제자인가요? 아니면 치유와 기적만을 바라는 군중 가운데 한 사람인가요? 우리는 제자로 부름 받았습니다. 예수님께서 사도들을 세상에 파견하시며, 모든 민족을 제자로 삼아 당신이 명령한 모든 것을 지키게 하라고 하셨기 때문입니다(28,19-20).

제자의 역할은 오직 예수님께 달려 있습니다. 그분은 제자들을 "사람 낚는 어부"(4,19)로 만들겠다고 약속하십니다. 이 은유적 표현은 구약의 여러 예언서에서도 언급되어(예레 16,15-16; 아모 4,2; 하바 1,14-15), 제자를 하느님의 종말론적 심판의 대리인으로 해석하기도 합니다. 마태 13,47-50의 '그물의 비유'도 제자들의 이같은 소명의 맥락에서 해석될 수 있습니다. 무엇보다도 제자직은 하늘 나라의 복음 선포라는 사명과 결코 떼어 놓을 수 없습니다 (9,35-11,1; 28,16-20 참조).

제자가 된 이들은 스승을 따르며 가르침에 귀 기울이고 하느님의 구원 업적을 직접 목격하고 체험합니다. 이렇게 예수님과 밀접한 관계를 맺고 마침내 스승의 운명에 동참합니다. 모든 것을 버리고 예수님을 따른다는 것은 단순히 물리적 동행을 넘어 윤리적·종교적·심리적·영성적 차원을 모두 포함하는 전인적 과정입니다. 이처럼 예수님의 교육은 총체적으로 이루어지며, 제자들은 점차 '사람 낚는 어부'로 변화되어 갑니다.

예수님께서는 온 갈릴래아를 두루 다니시며 회당에서 가르치시고 하늘 나라의 복음을 선포하시며, 백성 가운데에서 병자와 허약한 이들을 모두 고쳐 주셨다(4,23).

4,23-25은 예수님의 활동을 요약합니다. 복음사가는 4,23 내용을 9,35에서도 되풀이함으로써 예수님 활동의 핵심인 '하늘 나라의 복음 선포'를 더욱 부각합니다. 4,23-9,35에서 예수님께서는 말씀과 행적으로 하늘 나라를 직접 드러내 보이시는데, 산상 설교(5-7장)와 갖가지 구마와 치유를 전하는 열 가지 기적 이야기(8-9장)를 통해서 구체적으로 제시됩니다.

우리도 저마다 삶의 자리에서 예수님의 제자로 부름을 받았습니다. 이제 우리는 제자들과 같이 예수님의 말씀과 행적을 따라가며 주님을 더욱 깊이 알고, 그분이 그토록 전하고 싶어 하시는 하늘 나라의 행복을 배워 갈 것입니다. 그렇게 예수님과 하나 되어 하늘 나라의 복음을 전하고 그 가르침을 증언하는 예수님의 참된 제자가 되어 갈 것입니다. 제자의 길에 초대된 마음이 어떻습니까? 들뜨고 두근거리나요? 부담스러운가요? 혹시 갈릴래아의 제자들처럼 완전한 응답을 드리지 못할까 봐 걱정되더라도, 그런 마음은 잠시 접어 두고 제자들과 함께 예수님을 따라가 봅시다.

산상 설교 5,1-7,29

**행복하여라,
마음이 가난한 사람들!**(5,3)

산티아고 순례를 하던 중 깊은 밤에 홀로 산을 넘어야 할 때가 있었습니다. 컴컴한 산 입구에 들어서니 두려움과 걱정이 물밀듯이 밀려왔습니다. 하지만 하느님께 의탁하면서 칠흑 같은 어둠 속으로 걸어 들어갔습니다. 손에는 묵주를 쥔 채 하느님 말씀을 되뇌고 성가를 부르면서 한 걸음 한 걸음 조심스레 산길을 걸었습니다. 어느새 서서히 동이 트고 만물이 환히 빛나며 흐릿했던 길이 선명히 드러났을 때, 저는 비로소 주님께 감사와 찬미의 기도를 드렸습니다.

"당신 말씀은 제 발에 등불, 저의 길에 빛입니다"(시편 119,105). 주님께서는 암흑 속에서도 우리와 함께 계시며 말씀으로 우리의 길을 밝혀 주십니다. 어둡고 낯선 길을 걷거나 때로 인생의 험난한 산을 홀로 넘어야 할 경우에도 우리 발의 등불이요, 우리 길에 빛이 되시는 하느님 말씀에 의탁하여 길을 찾고 그분 안에서 위로와 생명을 얻을 수 있습니다.

5-7장에 걸쳐 이어지는 이른바 '산상 설교'는 하늘 나라에 관한 놀라운 가르침으로 가득 차 있습니다. 이 설교는 글자 그대로 산에서 이루어집니다. 예수님께서는 5,1에서 산으로 오르시고 8,1에서 산에서 내려오십니다. 우리도 제자들과 함께 예수님께 다가가 우리 길에 빛을 비추어 주시는 살아 있는 생명의 말씀에 귀 기울이면 좋겠습니다.

> 예수님께서는 그 군중을 보시고 산으로 오르셨다. 그분께서 자리에 앉으시자 제자들이 그분께 다가왔다. 예수님께서 입을 여시어 그들에게 이렇게 가르치셨다(5,1-2).

앞서 예수님께서 하늘 나라의 복음을 선포하시고 아픈 이들을 모두 고쳐 주셨는데, 이 소식을 듣고 여러 지방에서 모여든 많은 군중이 그분을 따릅니다(4,23-25). 예수님께서는 그들을 보시고 새로운 가르침을 주십니다. 산상 설교는 이렇듯 온 세상 모든 이를 향해 활짝 열려 있습니다. 그분은 산에 오르시고 자리에 앉으시어 권위를 지니고 하늘 나라에 관해 가르치십니다. 이는 시나이산에 올라 십계명을 받고 이스라엘 백성에게 하느님 말씀을 전한 모세를 떠올려 줍니다. 마태오복음서에서 예수님은 종종 '새로운 모세'로 나타납니다. 하지만 그분은 모세보다 위대한 분이며 하느님의 아드님으로서 우리에게 직접 영원한 생명의 말씀을 주시고, 온 인류를 구원하는 메시아로 자신을 드러내십니다.

성경에서 산(오로스ὄρος)은 하느님 현존의 장소이며, 하느님의 계시가 주어지는 매우 특별한 곳입니다. 하느님께서는 산에서 모세에게 율법을 수여하셨습니다(탈출 19-24장). 예수님께서도 산에서 하늘 나라의 가르침을 전하셨고(마태 5-7장) 거룩하게 변모하셨으며(17,1-9) 종말에 관해 가르치셨습니다(24-25장). 부활하신 다음에도 산에서 제자들에게 선교 사명을 주시며 지속적인 현존을 약속하십니다(28,16-20).

마태오복음서의 구조에서 보았듯이 산상 설교는 하늘 나라에 관한 다섯 설교 가운데 하나입니다(5-7장 산상 설교; 10장 파견 설교; 13장 비유 설교; 18장 공동체 설교; 24-25장 종말 설교). 이 설교에서 '제자'(마테테스 μαθητής)라는 단어가 처음으로 사용됩니다(5,1). 우리는 스승이신 예수님에게서 하늘 나라에 관해 듣고 배우는 제자입니다.

행복하여라, 마음이 가난한 사람들! 하늘 나라가 그들의 것이다(5,3).

예수님께서는 산상 설교를 시작하며 참행복에 관해 말씀하십니다(5,3-12). 루카 복음사가는 병행 구절에서 "행복하여라, 가난한 사람들! 하느님의 나라가 너희 것이다"(루카 6,20)라고 전합니다. 이와 달리 마태오 복음사가는 '마음이' 가난한 사람들이 행복하다고 말합니다. 이 말씀을 직역하면 '행복하여라, 영으로(τὸ πνεύματι πνεύματι) 가난한 사람들!'이라고 할 수 있습니다. 이렇게 마태오는 가난에 '영(마음)의 가난함'이라는 영성적이고 종교적인 의미를 더합니다.

마음이 가난한 사람은 자신이 죄인임을 겸허하게 인정하고 고백합니다. 어떤 성서학자는 마음의 가난을 '겸손'으로 설명하기도 합니다. 프란치스코 교황님도 "우리는 모두 죄인입니다"라고 자주 말씀하셨습니다. 예전에 어른들이 "사는 게 죄지요" 하시던 말씀의 의미를 살아가면서 조금씩 깨닫습니다. 우리 내면에는 욕심, 미움, 질투, 이기심이 얼마나 많습니까? 실제로 죄를 지어 이웃에게 해를 끼치는 일이 얼마나 잦습니까? 스스로 보잘것없는 죄인임을 아는 사람은 하느님께 자신을 내맡기며, 그분이 베풀어 주시는 무한한 은총을 누릴 수 있습니다.

우리는 비록 죄인이지만, 예수님께서 피를 흘려 당신 백성을 죄에서 구원하신 덕분에(1,21; 26,27-28 참조) 참으로 행복한 이가 될 수 있습니다. 죄인을 구원하러 오신 예수님을 신뢰하며 진정으로 회개하고 그분의 가르침에 따라 충실히 살아갈 때, 하늘 나라는 우리 차지가 될 것입니다! 하늘 나라에 들어간 죄인은 예수 그리스도와 더욱 일치하여 자신을 세상 구원의 도구로 기꺼이 봉헌합니다.

마음이 가난한 사람이 누리는 하늘 나라의 행복은 이어지는 구절에서 더욱 구체화됩니다. '슬퍼하는 사람, 온유한 사람, 의로움에 주리고 목마른 사람, 자비로운 사람, 마음이 깨끗한 사람, 평화를 이루는 사람, 의로움 때문에 박해를 받는 사람은 행복하다!'(4-12절). 가만히 들여다보니, 여기 제시되는 사람들은 하나같이 예수님께 해당합니다! 예수님께서 먼저 이 길을 걸으셨고, 이제 당신이 충만하게 누리는 참행복과 영원한 생명의 길로 우리를 초대하십니다.

이후 예수님께서는 세상의 빛과 소금으로 부름 받은 제자들의 소명을 일깨우시고(13-16절), 당신이 율법을 완성하러 오셨다고 (17-20절) 천명하십니다. 5,21-48에서 여섯 가지 주제와 관련하여 동일한 패턴이 반복되는데, 예수님께서는 먼저 구약성경의 말씀을 기본 명제로 제시하시고('…라고 이르신 말씀을 너희는 들었다') 이어 구약과 율법의 참뜻을 밝히고 옛 가르침을 능가하는 새로운 가르침을 주십니다("그러나 나는 너희에게 말한다").

너희의 의로움이 율법 학자들과 바리사이들의 의로움을 능가하지 않으면, 결코 하늘 나라에 들어가지 못할 것이다(5,20).

예수님께서는 하늘 나라에 들어가기 위한 조건으로 율법학자들과 바리사이들의 의로움을 능가하는 의로움을 요구하십니다. 마태오복음서에서 거듭 강조되는 '의로움'은 하느님에게서 비롯되는데, 유다인들에게는 율법에 대한 충실성을 의미합니다. 따라서 의로움은 하느님의 뜻을 충실히 실천하는 것으로 귀결되고, 이는 원수를 사랑함으로써 하느님 아버지의 완전함을 닮는 것으로 드러납니다.

> **하늘의 너희 아버지께서 완전하신 것처럼 너희도 완전한 사람이 되어야 한다**(5,48).

의로움의 완전한 모범은 아버지의 뜻을 이루고자 죽음에 이르기까지 사랑과 용서의 십자가를 짊어지신 예수님에게서 찾을 수 있습니다. 예수님께서는 '주님, 주님!' 하며 당신의 이름을 부르는 이가 아니라, 하늘에 계신 아버지의 뜻을 실행하는 이가 하늘 나라에 들어간다고 말씀하십니다(7,21). 예수님의 제자가 된 우리는 하늘 나라를 위해 세상에서 끊임없이 하느님의 뜻을 실천하도록 부름 받았습니다. 햇볕 따스한 날, 가까운 뒷동산에 올라 예수님의 산상 설교를 묵상하며 참행복과 영원한 생명에 이르는 하늘 나라의 가르침을 마음 깊이 새겨 보면 어떨까요? "너희는 먼저 하느님 나라와 그분의 의로움을 찾아라"(6,33).

주님의 기도
6,9-15

하늘에 계신 저희 아버지(6,9)

신앙인들이 일상에서 가장 많이 그리고 자신 있게 바치는 기도는 주님의 기도일 것입니다. 기도할 줄 모르는 우리는 이 기도를 천천히 외는 것만으로도 위안과 기쁨을 얻고 주님께 마음을 드높일 수 있습니다. 문득 '혹시 나중에 치매에 걸리더라도 성호경과 주님의 기도만큼은 절대 잊어버리지 않으면 좋겠다'는 바람을 품었습니다. 잠시 그 생각에 머무니, 자연스레 십자 성호를 긋고 주님의 기도를 바치게 됩니다. 아마 여러분 가운데서도 지금 저와 함께 주님의 기도를 바치는 분들이 있지 않을까요? 그 모습을 상상하니, 살짝 웃음이 나면서 왠지 모르게 위로가 됩니다.

하늘 나라에 관한 가르침을 전하는 산상 설교(5-7장)의 한가운데에서 우리는 예수님께서 가르쳐 주신 유일한 기도를 듣습니다

(6,9-15). 주님의 기도는 예수님의 기도이자 제자들의 기도입니다. 예수님께서 바치셨던 이 기도를 바칠 때, 우리는 주님과 하나가 됩니다.

아버지(6,9)

주님의 기도는 단순함이 특징입니다. 이 기도는 하느님을 "아버지"라고 자유롭게 부르는 점에서 유다인의 기도와 구별됩니다. 그리스어 원문을 살펴보면, 주님의 기도에 나오는 첫 단어는 바로 "아버지"(파테르πατήρ: 6,9; 루카 11,2)입니다. 이는 "하늘에 계신"으로 시작하는 우리말 번역과 차이가 있습니다.

하느님을 "아버지!"라고 부르는 것만으로도 훌륭한 기도입니다(26,39.42). 하느님은 나만의 아버지가 아니라 '우리 아버지'입니다. '하늘에 계신' 초월적이고 전지전능한 분이면서도 우리가 부를 때마다 언제나 응답해 주시는 분입니다. 예수님으로 인해 우리는 성령의 힘으로 하느님을 "아빠, 아버지"라고 부를 수 있습니다(마르 14,36; 로마 8,15; 갈라 4,6 참조). 참으로 좋으신 하느님은 자녀들의 청을 외면하지 않는 자비롭고 사랑이 가득한 분입니다.

주님의 기도는 구약성경의 내용을 바탕으로 합니다(에제 36,23; 다니 7,13-14.18.27; 이사 46,10-11; 55,1; 탈출 16,1-36; 민수 11,1-35 참조).

구약과 신약의 모든 가르침이 이 기도에 오롯이 담겨 있습니다. 주님의 기도를 구성하는 일곱 가지 청원 기도는 복음서에서 전하는 예수님의 가르침을 요약합니다. 성경에서 숫자 7은 '완전함' 혹은 '완성'을 상징하기에, 이 기도는 '가장 완전한 기도'입니다. 주님의 기도에서 반복되는 "…하소서"라는 청원의 바탕에는 하느님께서 이 간청을 들어주시리라는 깊은 신뢰가 담겨 있습니다. "하늘에 계신 너희 아버지께서야 당신께 청하는 이들에게 좋은 것을 얼마나 더 많이 주시겠느냐?"(마태 7,11).

 이 청원을 실현하는 주체는 궁극적으로 하느님 아버지이지만, 사실 원문에는 주어가 명확히 드러나 있지 않습니다. 따라서 우리는 주님의 기도를 바칠 때, 하느님 아버지께서 우리의 기도를 들어주시고 직접 활동하시기를 간구하면서, 동시에 우리도 하느님의 자녀이며 예수님의 제자로서 주님께 기꺼이 협력하기를 기도합니다. 결국 주님의 기도는 예수님과 제자가 함께 바치고 함께 이루어 가는 기도입니다.

아버지의 나라가 오게 하시며(6,10)

주님의 기도는 크게 두 부분으로 나뉩니다. 전반부는 하느님 아버지의 영광을 위한 기도입니다. 아버지의 이름이 거룩히 드러나고, 아버지의 나라가 도래하며, 아버지의 뜻이 하늘에서와 같이 땅에서도 이루어지기를 청합니다. 이는 무엇보다도 하느님의 아드님이신 예수 그리스도의 핵심 사명이었고, 그분의 생애 전체가 이 기도를 실천하는 삶이었습니다. 예수님의 인격, 십자가 죽음과 부활 그리고 그분의 현존 안에서 이미 시작된 하느님 나라는 종말에 이르러 완성됩니다.

저희에게 잘못한 이를 저희도 용서하였듯이 저희 잘못을 용서하시고(6,12)

후반부는 하느님의 자녀인 우리를 위한 기도입니다. 우리는 날마다 하느님께 육의 양식뿐만 아니라 영혼의 양식을 구합니다. 후자는 생명의 말씀을 통해서 얻습니다. 우리말로 '잘못'이라고 옮긴 단어는 본래 '빚'(오페일레마ὀφείλημα)을 의미합니다. 여기서 우리의 빚을 탕감해 주시는 하느님의 자비를 떠올릴 수 있습니다 (18,23-35 참조). 우리는 이를 기억하며 잘못한 이를 용서하고, 우리가 지은 죄에 대해 하느님께 용서를 청합니다. 이어서 하느님의 자리에 다른 것을 두려는 유혹에 빠지지 않도록 주님의 도우심을 청하고, 선의 원천인 하느님께서 악에서 지켜 주시기를 간청하며 주님의 기도는 끝이 납니다.

마태오 복음사가는 여기에 '용서'에 관한 내용(6,14-15)을 덧붙입니다. 이 내용을 포함하여 주님의 기도 전체에서 '용서하다'(아피에미(ἀφίημι)라는 단어가 거듭 강조됩니다(6,12.14.15에서 각각 2회). 이렇듯 예수님께서는 언제나 용서를 위해 기도하셨고, 마지막 순간에 십자가 위에서도 죄인들을 용서하셨습니다(루카 23,34).

주님께 믿음과 희망을 두고 우리 힘만으로는 도저히 불가능하게 여겨지는 용서와 사랑의 은총을 구하면서 이 기도를 정성껏 바쳐야 하겠습니다. 예수님의 마음과 일치하여 바치는 주님의 기도는 하느님 아버지와 자녀인 우리가 나누는 친밀한 대화입니다. 주님의 기도를 바치면서, 우리 자신보다 우리를 더 잘 알고 계시며 우리를 사랑으로 감싸 주시는 주님의 너그러운 품 안에 깊이 머물러 봅시다.

주님의 기도는 마태 6장에서 올바른 자선(1-4절), 기도(5-8절), 단식(16-18절)에 관한 가르침 사이에 배치되어 있습니다. 전통적으로 유다인들은 하느님 앞에서 의로워지는 방법으로 이 세 가지 종교적 신심 행위를 강조했습니다. 이를 통해 인간은 하느님과 이웃 그리고 자기 자신과 화해하며 하느님의 자녀로 거듭나게 됩니다.

예수님께서는 제자들에게 이 세 가지 신심 행위를 할 때 갖추어야 할 올바른 자세를 일깨워 주십니다. 공통으로 강조되는 내용은 '사람들에게 보이려고'(혹은 칭찬을 받으려고) 행하지 말라는 점입니다(1.2.5.16.18절). 예수님께서는 그런 사람들을 위선자에 빗대시며, 그들은 이미 현세에서 받을 상을 다 받았다고 경고하십니다(2.5.16절). 반면 남몰래 자선을 베풀고, 골방에 숨어 홀로 아버지께 기도하며, 단식을 사람들에게 드러내지 않는 이들은 반드시 하느님 아버지께 보상을 받습니다. "그러면 숨은 일도 보시는 네 아버지께서 너에게 갚아 주실 것이다"(4.6.18절). 이처럼 올바른 신심 행위는 하늘에 보물을 쌓는 일이고(20절), 하느님만을 유일한 주인으로 섬기게 합니다(24절).

산상 설교의 후반부인 7장에서 예수님께서는 하느님 아버지를 향한 끊임없는 간청과 의탁(7-11절), 율법과 예언서의 정신인 황금률("너희는 남이 너희에게 해 주기를 바라는 그대로 너희도 남에게 해 주어라": 12절)을 말씀하시면서, 하늘 나라에 들어가기 위해서는 이 모든 가르침을 듣기만 하지 말고 실행해야 한다고 강조하십니다(21-27절). 결국 산상 설교의 끝은 '실천'이라는 점을 다시금 잊지 말아야 하겠습니다. "나의 이 말을 듣고 실행하는 이는 모두 자기 집을 반석 위에 지은 슬기로운 사람과 같을 것이다"(7,24).

열 가지 기적
8,1-9,35

**병자와 허약한 이들을
모두 고쳐 주셨다**(9,35)

오래전, 초능력(?)으로 쇠숟가락을 휘게 하는 묘기를 보여 전 세계를 열광하게 한 마술사가 있었습니다. 그는 놀라운 퍼포먼스로 화제를 모았고 한동안 유명세를 누렸습니다. 저는 그가 초능력을 쓴다고 믿지 않았지만, 당시 많은 사람들이 텔레비전 앞에 숟가락을 들고 모여 앉아 그의 마술을 따라 하면서 "진짜 휘었네", "아니네", "속았네" 하며 신기함과 실망이 뒤섞인 반응을 나누던 기억이 납니다. 예수님께서 일으키신 기적은 이런 마술과는 차원이 전혀 다릅니다.

8-9장은 예수님께서 행하신 기적을 모아서 전합니다. 숫자 10은 성경에서 충만함과 구원을 상징하는데, 예수님께서는 열 가지 기적을 통해 하느님의 신적 권능을 완전히 보여 주십니다. 곧 병자

를 낫게 하시고 마귀 들린 이들을 고쳐 주시어 하느님 나라의 구원을 세상에 펼치시고, 당신이 참으로 누구이신지를 분명히 드러내십니다. 기적들은 크게 네 가지로 나뉩니다.

> ■ 치유 기적
>
> 　　나병 환자를 치유　8,1-4
>
> 　　백인대장의 병든 종의 중풍을 치유　8,5-13
>
> 　　베드로 장모의 열병을 치유　8,14-17
>
> 　　또 다른 중풍 병자를 치유　9,1-8
>
> 　　하혈하는 여인을 치유　9,20-22
>
> 　　눈먼 두 사람을 치유　9,27-30
>
> 　　말 못하는 이를 치유　9,33-34
>
> ■ 자연 기적
>
> 　　풍랑을 가라앉히심　8,23-27
>
> ■ 구마 기적
>
> 　　마귀 들린 두 사람을 치유　8,28-34
>
> ■ 소생 기적
>
> 　　야이로의 죽었던 딸을 살리심　9,18-19.23-26

학자들은 열 가지 기적을 이스라엘 백성이 이집트를 탈출할 당시 모세가 하느님의 말씀에 따라 일으킨 열 가지 재앙과 대조하여 해석합니다. 이는 이른바 '모세 유형론Moses Typology'이라 불립니다. 마태오 복음사가는 예수님을 '제2의 모세' 혹은 옛 모세보다 더 권위 있고 위대한 '새로운 모세'로 묘사합니다. 이러한 해석도 일리가 있습니다. 마태오복음서에서 예수님을 모세와 관련지어 이해하려는 의도가 자주 발견되기 때문입니다. 파라오의 남아 학살(탈출 1,22)과 헤로데의 남아 학살(마태 2,16), 모세의 미디안 피신(탈출 2,11-22)과 성가정의 이집트 피신(마태 2,13-15), 그리고 5,21 이하에서 모세와 예수님의 가르침을 비교하는 장면 등을 예로 들 수 있습니다.

그러나 예수님께서는 모세에 비할 수 없는 하느님의 아드님으로서, 하늘 나라에 관해 직접 가르치시고 하느님 나라의 구원을 몸소 보여 주십니다. 무엇보다도 그분은 십자가 죽음과 부활로 하느님 나라의 문을 완전히 열어 주신 구원자, 곧 그리스도이십니다. 모세가 하느님을 뵙고 말씀을 나눔으로써 얼굴의 살갗이 빛나게 되었다면(탈출 34,29-35 참조), 예수님께서는 스스로 빛을 내는 하느님이며 생명의 빛이십니다(마태 17,2; 요한 8,12 참조).

예수님의 기적에는 인간에서 반드시 요구되는 요소가 있습니다. 바로 '믿음'입니다. 예수님께서 일으키시는 기적이 우리에게 하느님의 구원을 가져다주기 위해서는 주님을 굳건히 믿어야 합니다. 여러 구절에서 이를 확인할 수 있습니다.

8,2	"주님! 주님께서는 하고자 하시면 저를 깨끗하게 하실 수 있습니다."	예수님을 믿은 나병 환자의 고백과 간청
8,13	"가거라. 네가 믿은 대로 될 것이다." 바로 그 시간에 종이 나았다.	백인대장의 믿음을 보신 예수님
8,26	"왜 겁을 내느냐? 이 믿음이 약한 자들아!"	풍랑을 보고 겁에 질린 제자들의 '약한 믿음'을 꾸짖으신 예수님
9,22	"딸아, 용기를 내어라. 네 믿음이 너를 구원하였다."	하혈하는 여인의 믿음을 보시고 치유하신 예수님
9,28-29	"내가 그런 일을 할 수 있다고 너희는 믿느냐?" 하고 물으시자, 그들이 "예, 주님!" 하고 대답하였다. … "너희가 믿는 대로 되어라."	눈먼 두 사람의 믿음을 확인하시고 눈을 뜨게 하신 예수님

8-9장에서 우리는 구마와 치유를 비롯한 놀라운 기적들을 일으키며 하느님 나라의 도래를 드러내시는 구원자 예수님을 믿음의 눈으로 만납니다. 그런데 기적 사건을 전하는 단락의 중심에서, 예수님께서 권능을 떨치시는 모습이 아닌 또 다른 모습을 보게 됩니다.

> **이사야 예언자를 통하여 "그는 우리의 병고를 떠맡고 우리의 질병을 짊어졌다" 하신 말씀이 이루어지려고 그리된 것이다** (8,17).

예수님께서는 우리의 고통을 짊어지시고 죽기까지 우리를 구원하시는 분이십니다. 그 사실은 십자가 사건을 통해 가장 분명히 드러납니다. 그러나 거기서 끝이 아닙니다. 죽음을 이기고 부활하심으로써, 모든 이에게 하느님 나라로 들어가는 문을 열어 주시고 영원한 생명을 허락하십니다. 이 얼마나 놀라운 사랑입니까! 예수님께서 일으키신 기적들도 물론 놀랍지만, 우리와 함께 아파하시는 그분의 존재야말로 가장 놀라운 기적입니다. 그러므로 우리는 주님께 감사와 찬미를 드릴 수밖에 없습니다.

> **예수님께서는 모든 고을과 마을을 두루 다니시면서, 회당에서 가르치시고 하늘 나라의 복음을 선포하시며, 병자와 허약한 이들을 모두 고쳐 주셨다** (9,35).

9,35은 4,17부터 시작된 예수님의 공생활을 요약하면서 기적 이야기를 마무리합니다. 앞서 언급한 대로 이는 4,23과 같은 내용을 전합니다. 즉 4,23과 9,35이 하늘 나라에 관해 가르치시는 예수님의 말씀(5-7장 산상 설교)과 하늘 나라의 도래를 보여 주시는

예수님의 행적(8-9장 열 가지 기적)을 앞뒤에서 둘러싸는 구조입니다. 이렇게 우리는 예수님의 말씀과 행적을 통해서 하느님 나라가 이미 우리 가운데에서 이루어지고 있음을 보았습니다. 그리고 이제 그 나라의 중심에 계시는 예수님의 현존을 알아차릴 수 있습니다.

마태오를 부르심
9,9-13

**나는 의인이 아니라
죄인을 부르러 왔다**(9,13)

로마 유학 시절, 바티칸에 계신 프란치스코 교황님을 알현한 적이 있습니다. 교황 직무실 문이 열리자, 흰 수단을 입은 교황님이 환하게 웃으며 두 팔 벌려 저를 맞이해 주셨습니다. 눈앞에서 인자하신 교황님을 마주하니 참으로 감개무량하고 영광스러웠습니다. 그분의 말씀과 표정, 몸짓 그리고 자연스레 풍겨 나오는 선한 분위기까지… 한 사람 한 사람을 참으로 귀하게 여기고 따뜻하게 품어 주시는 모습이 매우 인상적이었습니다. 인자하고 겸손하신 교황님을 기억하고 그분을 위해 기도하면서, 그분의 자비로움이 과연 어디에서 비롯되었을지 생각해 봅니다.

7세기 영국의 베다(Beda Venerabilis, 673-735) 성인은 마태오의 소명 이야기를 읽고 나서 "예수님께서 세리를 보셨는데, 자비로운 사랑의 눈길로 바라보시고, 그를 선택하시어 '나를 따르라'고 말씀하셨다"라는 강론을 남겼습니다. 열일곱 청년이었던 교황님은 마태오를 부르신 예수님의 자비로운 사랑의 눈길에 감화되어 마태오 사도 축일인 1953년 9월 21일에 고해성사를 보신 다음, 주님을 따르게 되었습니다. 사제가 되고, 이후 주교와 교황이 되어서도 "자비로이 부르시니Miserando atque eligendo"라는 말씀을 서품 성구로 택하여, 당신이 체험한 예수님의 자비와 사랑을 하느님 백성에게 온 삶을 다해서 전해 주셨습니다.

예수님 시대에 유다인들은 세리를 무척 경멸했습니다. 세리는 민족의 배신자로서 가난한 동족에게 부당한 세금을 징수하여 자기 배를 불리곤 했습니다. 더욱이 이방인들의 화폐를 다루면서 유다교 정결 규정을 멋대로 해석하여 규정을 더럽혔기에 죄인으로 여겨졌습니다. 마태오도 그런 세리 중 한 사람이었습니다(10,3). 그러나 예수님께서는 세관에 앉아 있던 마태오를 자비로운 눈으로 바라보며 말씀하십니다.

나를 따라라(9,9).

마태오는 예수님의 부름을 받고 자신이 앉아 있던 곳에서 '일어나' 그분을 따릅니다. 이는 그가 예수님을 따르기 위해서 자신의 직업을 완전히 떠났음을 상징적으로 표현한 것입니다. 마태오는 자기 것을 '전적으로 포기'하고 자신을 부르시는 주님 말씀에 '오롯이 순명'하여 그분을 따라나섭니다.

예수님께서 앞서 첫 제자들을 부르실 때는 "나를 따라오너라"(데우테 오피소 무δεῦτε ὀπίσω μου; 직역하면 '내 뒤로 오너라': 4,19) 하셨는데, 마태오에게는 직접적으로 "나를 따라라"(아콜루테이 모이 ἀκολούθει μοι: 9,9) 하고 말씀하십니다. 이는 따라야 할 대상과 목적이 오로지 '예수님'임을 더욱 분명히 드러냅니다. 그분을 따라나선 마태오는 이제 예수님과 온전히 같은 운명을 공유합니다.

이어 마태오의 집에서 기쁨의 큰 잔치가 열립니다(10절; 루카 5,29). 예수님께서는 다른 세리와 죄인들과 같은 식탁에 앉아 음식을 드시면서 하느님의 자비를 보여 주시고 그 집을 생명과 구원으로 가득 채워 주십니다. 하지만 정결 규정과 편협한 가치관에만 얽매인 바리사이들이 곧장 제자들에게 항의하자, 예수님께서는 이렇게 말씀하십니다.

> **튼튼한 이들에게는 의사가 필요하지 않으나 병든 이들에게는 필요하다. 너희는 가서 '내가 바라는 것은 희생 제물이 아니라 자비다' 하신 말씀이 무슨 뜻인지 배워라. 사실 나는 의인이 아니라 죄인을 부르러 왔다**(9,12-13).

예수님께서는 호세 6,6의 말씀을 들어, 율법과 전통적인 제사 의

식에만 매달려서 다른 이들에게 하느님의 자비를 베푸는 데는 매우 인색한 그들을 꾸짖으십니다. 호세 6,1-6은 이스라엘의 회개를 촉구하면서 주님을 바로 알고 주님께 다시 돌아가라고 호소합니다. 신의와 자비의 하느님께서 바라시는 것은 희생 제물이 아니라 자비와 화해입니다. 이 단락은 제단에 예물을 드리기 전에 자신에게 원망을 품은 형제와 먼저 화해한 다음에 예물을 바치라고 하신 말씀도 떠오르게 합니다(마태 5,23-24). 이처럼 예수님께서는 하느님 말씀의 참뜻을 일깨워 주시고 삶으로 모범을 보이며 제자들을 가르치십니다.

예수님을 따르는 이가 배워야 할 것은 무엇보다도 그분의 자비입니다. 자비는 히브리어로 헤세드חֶסֶד, 그리스어로 엘레오스 ἔλεος인데 사랑과 연민, 용서 등을 의미합니다. 하느님 아버지와 예수 그리스도께서는 자비로우신 분입니다("주님은 자비하고 너그러운 하느님이다. 분노에 더디고 자애와 진실이 충만하며 천대에 이르기까지 자애를 베풀고 죄악과 악행과 잘못을 용서한다": 탈출 34,6-7). 하느님의 자비를 완전히 보여 주시는 예수님께서는 백성을 죄에서 구원하고(1,21) 죄인을 부르러 오셨으며(9,13) 죄를 용서해 주시려고 많은 사람을 위하여 계약의 피를 흘리십니다(26,28).

우리는 모두 하느님의 자비를 입었습니다. 비록 하느님 앞에서 참으로 부족하고 부당한 죄인이지만, 주님께서는 그런 우리를 자비로이 불러 잔치에 초대하시며, 새로운 생명과 구원의 은총을 넘치도록 베푸십니다. 그러므로 우리도 예수님을 본받아 어둠 속에서 신음하는 이들에게 다가가 주님의 자비를 전하고 친교의 식탁에 함께 앉아 생명의 양식을 나누어야 합니다. 바로 여기에 자비로운 이들이 누리는 참행복이 있습니다. "행복하여라, 자비로운 사람들! 그들은 자비를 입을 것이다"(5,7).

예수님의 자비로운 시선과 강렬한 부르심은 인간의 삶을 송두리째 바꾸어 놓고, 지금도 수많은 이들의 마음을 사로잡으며 새로운 길로 인도하고 있습니다. 예수님의 부르심과 그분이 보여 주신 사랑과 자비의 삶은 우리의 영혼을 자극하고, 우리가 세상 속에서 '자비의 선교사'로 살아가도록 재촉합니다. "그리스도의 사랑이 우리를 다그칩니다"(2코린 5,14).

파견 설교
9,36-11,1

**가서 '하늘 나라가 가까이 왔다' 하고
선포하여라**(10,7)

보좌 신부로 사목할 때, 하루는 '생명의 빵'에 관한 복음 말씀을 주제로 강론하며 신자들에게 질문을 했습니다. "사랑하는 교우 여러분, 미사 중 어느 때가 가장 좋으십니까?" 저는 내심 "성체를 받아 모실 때요!"라는 나름의 모범 답안을 기대했습니다. 그런데 구석에서 한 형제님이 씩씩하게 외쳤습니다. "미사가 끝났으니 가서 복음을 전합시다!" 신자들은 모두 박장대소했고, 저는 미처 생각지도 못한 대답에 새로운 깨달음을 얻었습니다. 생각해 보니 '미사가 끝났으니'라는 앞부분에 의미를 두든 '가서 복음을 전합시다!'라는 뒷부분에 두든, 이 파견 인사는 얼마나 기쁜 소식인지요! 부활 대축일 파스카 성야 미사 끝에는 여기에 "알렐루야, 알렐루야!"까지 덧붙이면서 이 기쁨을 장엄하게 노래합니다.

이제 살펴볼 파견 설교(9,36-11,1)는 마태오복음서를 구성하는 중요한 다섯 설교(5-7장; 10장; 13장; 18장; 24-25장) 중에서 두 번째에 해당합니다. 5-7장의 산상 설교에서 예수님께서는 권위 있는 '말씀'을 통해 하늘 나라에 들어가기 위한 생명의 가르침을 전해 주셨고, 8-9장에서는 열 가지 기적이라는 '행동'을 통해 하늘 나라의 도래와 구원의 기쁨을 직접 실현하셨습니다. 10장의 파견 설교에서는 예수님을 따라 '말씀과 행동으로' 하늘 나라의 복음을 온 세상에 전하는 사명과 권한이 제자들에게 주어집니다.

예수님께서는 하늘 나라의 복음을 선포하시며 병자와 허약한 이들을 모두 고쳐 주셨습니다(9,35). 그런 다음 목자 없는 양들처럼 기가 꺾여 있는 군중을 보고 가엾은 마음이 드시어 이렇게 말씀하십니다.

> **수확할 것은 많은데 일꾼은 적다. 그러니 수확할 밭의 주인님께 일꾼들을 보내 주십사고 청하여라**(9,37-38).

예수님께서는 열두 사도를 뽑아(10,1-4) 파견하십니다(5-15절). 파견된 사도들은 예수님의 사명을 수행하라는 분부를 받습니다. 그 사명이란 바로 하늘 나라의 복음을 선포하며 병들고 약한 이들을 다시 일으켜 주는 것입니다(7-8절). 이어 언급되는 박해(16-25절), 복음의 증언(26-33절), 분열(34-35절)에 관한 말씀은 당시 마태오 공동체가 겪었을 박해 상황을 고스란히 반영합니다.

이러한 혼란 가운데에서도 제자들은 두려움 없이 복음을 선포하도록 부름 받았습니다. 믿는 이들의 변호자이며 위로자이신 성령께서는 제자들 안에 함께 계시면서 주님을 증언할 말을 친히 일러 주십니다(20절). 그러므로 제자들은 세상의 모진 박해와 시련 속에서도 용기를 지니고 언제나 성령께 도움을 청하며 자신을 내어 맡겨야 합니다.

두려워하지 마라(10,26.28.31).

흥미롭게도 이 단락에서 예수님께서는 제자들을 향해 두려워하지 말라고 세 번이나 말씀하십니다. 마태오복음서에서 예수님께서 같은 말씀을 세 번이나 권고하신 경우는 "걱정하지 마라" 그리고 "두려워하지 마라" 하셨을 때뿐입니다. 세상일을 걱정하지 말라고 하신 것은 자녀들에게 무엇이 필요한지를 이미 알고 계시는 하늘의 아버지께서 친히 그들을 돌보아 주시기 때문입니다(6,25-34). 마찬가지로 복음을 전하는 데 있어 두려워하지 말라고 하신 것은 하느님 아버지께서 머리카락까지 다 세어 두실 정도로 제자들을 잘 아시고 귀하게 여기시며 보살펴 주시기 때문입니다(10,29-31).

> 그러므로 누구든지 사람들 앞에서 나를 안다고 증언하면, 나도 하늘에 계신 내 아버지 앞에서 그를 안다고 증언할 것이다(10,32).

두려워하지 말라는 예수님의 말씀은 제자들이 용기 있게 복음을 선포하도록 이끌어 줍니다. 제자들이 사람들 앞에서 예수님을 안다고 증언하는지 아니면 모른다고 부인하는지는, 마지막 날 하느님 아버지 앞에서 예수님께서 그들을 어떻게 증언하실지를 결정하는 종말론적 심판의 기준이 됩니다(32-33절).

> 나 때문에 제 목숨을 잃는 사람은 목숨을 얻을 것이다(10,39).

예수님께서는 버림과 따름(37-39절), 보상(40-42절)에 관해 말씀하시며, 모든 것을 버리고 당신을 따르는 이들에게 선물을 약속하십니다. 예수님 때문에 자기 목숨을 잃는 사람은 오히려 영원한 생명을 얻게 될 것이기에, 제자들은 세상 안에서 당당히 주님을 증언하며 살아갑니다.

바오로 사도는 로마 신자들에게 보낸 서간에서 이렇게 말합니다. "선포하는 사람이 없으면 어떻게 들을 수 있겠습니까? 파견되지 않았으면 어떻게 선포할 수 있겠습니까? 이는 성경에 기록된 그

대로입니다. '기쁜 소식을 전하는 이들의 발이 얼마나 아름다운가!'"(로마 10,14-15). 우리는 모두 복음을 전하기 위해 예수님에게서 파견된 사도입니다. 그러니 각자의 자리에서 두려움 없이 용기 있게 주님의 복음을 힘차게 전합시다.

IV

―――

예수님의
정체에 대한 계시
11,2-16,20

예수님의 정체에 대한
의문과 응답 11,2-30

나는 마음이 온유하고 겸손하니
내 멍에를 메고 나에게 배워라(11,29)

천주교 신자가 되려면 적어도 6개월, 대개는 1년 가까이 예비 신자 기간을 보냅니다. 그 기간에 예비 신자들은 교리를 배워 하느님을 알게 되고, 자신의 역사에 하느님께서 함께하셨음을 발견합니다. 그리고 마침내 세례를 받아 하느님의 자녀가 되면, 교회 공동체의 축하와 사랑을 받으며 구름 위를 걷는 듯한 허니문의 시간을 보냅니다. 그러다 시간이 흘러 그날의 감동이 흐릿해질 때쯤 신앙에 대한 의문이 생기는 경우가 있습니다. 그리고 안타깝게도 쉬는 교우가 되기도 합니다.

신앙의 위기는 새내기 신자나 오랜 신자 할 것 없이 누구에게나 찾아옵니다. 예수님에 대한 의심과 불안은 믿음으로 나아가기 위한 필연적 과정입니다. 금도 불순물을 제거하고 단단하게 만들기 위해 불로 단련을 받습니다. 믿음은 더욱 그러합니다(1베드 1,7

참조). 신앙의 위기와 하느님에 대한 의심이 찾아오면 어떻게 해야 할까요? 방법은 예수님께 직접 물어보는 것입니다. 세례자 요한처럼 말이지요(마태 11,3). 주님께서는 분명 응답을 주십니다.

예수님께서는 말씀과 행동으로 하늘 나라를 보여 주셨고, 당신의 일을 이어 가기 위하여 열두 사도를 뽑아 파견하셨습니다. 예수님으로 말미암아 하늘 나라 복음의 기쁜 소식이 선포되었고, 병자와 허약한 이들이 모두 구원을 얻었습니다(4,17.23; 9,35).

그런데 사람들은 여전히 예수님을 의심합니다. 백성들 사이에서 예수님에 대한 불신이 고조됩니다. 이제는 그분이 누구이신지 알 것도 같은데 말입니다. 눈이 있어도 보지 못하고 귀가 있어도 듣지 못하며 기억하지 못하는 군중의 완고한 마음(마르 8,18 참조)을 꾸짖으시는 예수님의 깊은 한탄이 들려오는 듯합니다. 하지만 군중의 불신에도 불구하고, 사람들의 의심에 응답하시는 예수님의 모습을 통해 그분의 정체는 더욱 분명해집니다.

오실 분이 선생님이십니까? 아니면 저희가 다른 분을 기다려야 합니까?(11,3).

세례자 요한이 제자들을 보내 예수님께 드린 질문으로 새로운 단락이 시작됩니다. 사실 복음서 전체가 '예수님은 누구이신가?'

라는 질문에 대한 응답이라고 볼 수 있습니다. 11,2-16,20은 특히 이 질문에 초점을 맞추어 예수님의 정체에 관한 주제를 부각합니다. 이 질문의 답은 16,16에서 베드로의 고백을 통해 결정적으로 계시됩니다.

11-12장에는 세례자 요한(11,2-19)과 갈릴래아 사람들(11,20-24) 그리고 바리사이들과 군중(12,1-45)이 예수님에 대해 보인 반응이 차례로 소개됩니다. 그들에게 응답하시는 예수님의 말씀을 들으며, 우리는 그분이 진정 어떤 분이신지 조금씩 더 알게 됩니다.

> 눈먼 이들이 보고 다리 저는 이들이 제대로 걸으며, 나병 환자들이 깨끗해지고 귀먹은 이들이 들으며, 죽은 이들이 되살아나고 가난한 이들이 복음을 듣는다. 나에게 의심을 품지 않는 이는 행복하다(11,5-6).

당신의 정체를 묻는 세례자 요한의 질문에, 예수님께서는 이사야 예언자의 말씀을 인용하여 응답하십니다(이사 26,19; 29,18-19; 35,5-6; 61,1 참조). 앞서 많은 군중이 예수님을 통해 보고 듣게 된 바로 그 '복음'이며 몸소 체험한 하느님의 구원을 묘사하십니다. 생각해 보면, 우리도 복음서에서 예수님께서 말씀과 행동으로 선포하시는 구원의 기쁜 소식을 듣고 보았으며 하늘 나라를 맛보았습니다. 직접 눈으로 뵙지는 못했어도, 예수님을 믿는 우리는 참으로 행복한 사람입니다(요한 20,29). 한편 세례자 요한은 성경에 기록된 대로 구원자이신 예수님의 길을 닦고 준비하도록 미리 선택된 엘리야였습니다(마태 11,7-14; 17,10-13; 말라 3,23).

> **불행하여라, 너 코라진아! 불행하여라, 너 벳사이다야! … 너 카파르나움아, 네가 하늘까지 오를 성싶으냐? 저승까지 떨어질 것이다**(11,21.23).

예수님께서는 당신이 일으킨 기적을 많이 보고도 회개하지 않은 고을들을 호되게 꾸짖으십니다. 여기에는 코라진, 벳사이다, 처음으로 복음을 선포하며 기적을 행하신 카파르나움도 포함됩니다. 기적을 아무리 많이 체험했어도 회개의 합당한 열매를 맺지 못하는 이들은 주님의 축복이 아니라 저주와 심판을 받습니다(3,8). 회개는 단 한 번으로 끝나지 않습니다. 하느님 나라의 도래와 지속을 위해 온 생애에 걸쳐서 끊임없이 계속되어야 합니다.

> **나의 아버지께서는 모든 것을 나에게 넘겨주셨다. 그래서 아버지 외에는 아무도 아들을 알지 못한다. 또 아들 외에는, 그리고 그가 아버지를 드러내 보여 주려는 사람 외에는 아무도 아버지를 알지 못한다**(11,27).

11,25-27에서 예수님께서는 아버지와 아들의 친밀한 관계를 언급하며, 당신이 아버지에게서 절대적인 권한을 받았다고 전하십니다. 이 권한은 훗날 부활하신 예수님의 말씀으로 재확인될 것입니다("나는 하늘과 땅의 모든 권한을 받았다": 28,18). 나아가 하느님의 아드님이신 당신만이 아버지를 드러내 보여 주는 유일한 분임을 밝히십니다.

> 고생하며 무거운 짐을 진 너희는 모두 나에게 오너라. 내가 너희에게 안식을 주겠다. 나는 마음이 온유하고 겸손하니 내 멍에를 메고 나에게 배워라(11,28-29).

11,28-30은 마태오복음서에만 있는 내용입니다. 말씀이 주는 위로 때문에 많은 이가 이 구절을 좋아합니다. 멍에는 수레나 쟁기를 끌기 위하여 가축, 특히 소나 말의 목에 얹는 구부러진 막대로, 쉽게 벗어날 수 없는 구속이나 억압을 비유하는 말입니다. 하지만 유다교에서 멍에는 '하느님의 법'을 의미하며 사람을 억누르는 짐이 아니라 안식과 기쁨을 가져다주는 '하느님의 가르침'으로 여겨졌습니다(집회 6,24-30; 51,26-27 참조). 예수님께서는 '율법주의'로 인하여 변질된 본래의 뜻을 이 말씀으로 바로잡으십니다. "정녕 내 멍에는 편하고 내 짐은 가볍다"(11,30).

예수님께서는 모든 것을 새롭게 하십니다. 우리를 위해 몸소 십자가에 매달리신 예수님을 바라봅니다. 우리는 예수님께 가서 그분의 멍에, 곧 예수님께서 전해 주신 하늘 나라의 가르침을 배우고 실천함으로써 주님 안에서 참된 자유와 평화와 안식을 누리게 됩니다.

예수님은 누구이신가
12,1-50

**성전보다 더 큰 이가
여기에 있다**(12,6)

'하느님은 존재하시는가?' '과연 하느님은 어떤 분이신가?' 이는 인류에게 보편적으로 제기된 근원적인 질문들입니다. 더욱이 하느님을 믿는 그리스도교 신앙인에게 '예수 그리스도는 누구이신가?'라는 질문은 가장 핵심적인 질문입니다. 이에 관한 확실한 답은 어디에서 찾을 수 있을까요? 가톨릭교회 교리서일까요? 대화형 인공지능 챗지피티ChatGPT일까요?

누군가를 제대로 알기 위해서는 과정이 필요합니다. 자주 만나야 하고 대화도 주고받아야 합니다. 하느님을 아는 일도 마찬가지입니다. 성경은 하느님과 예수 그리스도를 가르쳐 주는 가장 완전한 책입니다. 그중에서도 복음서는 예수님의 참된 정체를 드러냅니다. 복음서가 기록된 목적은 예수님께서 메시아시며 하느님의 아드님이심을 믿어서 그분의 이름으로 생명을 얻기 위함입니다(요한 20,31). 우리는 성경을 통해 말씀하시는 주님께 귀 기울이고 그분과 대화하면서 그분을 조금씩 알아 갑니다. 예수님을 아는 것은 우리를 영원한 생명으로 이끌어 줍니다(요한 17,3).

12장에서는 예수님에 대한 바리사이와 군중의 의심이 더욱 커집니다. 하지만 이와 더불어 예수님의 정체도 점차 명확해집니다. 우리가 처음부터 예수님을 제대로 알고 믿을 수 있다면 더할 나위 없이 좋겠지요. 하지만 때로는 의문을 통해 주님을 올바로 알게 되기도 합니다. 그렇게 예수님을 알고 믿으며 그분의 사랑에 젖어 들면, 우리가 만난 예수님을 다른 이들에게도 전할 수밖에 없습니다.

제자들이 안식일에 밀 이삭을 뜯은 사건(1-8절)과 예수님께서 안식일에 손이 오그라든 사람을 고쳐 주신 사건(9-14절)이 잇따릅니다. 밀 이삭 사건으로 바리사이들이 문제를 제기하자, 예수님께서는 당신이 성전보다 더 크다며 "내가 바라는 것은 희생 제물이 아니라 자비다"(6-7절)라고 말씀하십니다. 이어 "사실 사람의 아들은 안식일의 주인이다"(8절)라고 당신을 직접 밝히십니다.

뒤따르는 치유 장면에서 예수님께서는 손이 오그라든 이를 "손을 뻗어라"(13절)라는 단 한마디로 낫게 하십니다. 창조주께서 말씀으로 세상을 창조하시고 모든 것이 좋다고 하신 것처럼(창세 1,31) 예수님께서도 말씀으로 아픈 이를 고쳐 주시고 당신이 좋은 일을 행하시는 안식일의 주인임을 보여 주십니다. 그러나 이 사건을 계기로 바리사이들은 예수님을 없애기로 모의하기 시작합니다(마태 12,14).

> 그는 다투지도 않고 소리치지도 않으리니 거리에서 아무도 그의 소리를 듣지 못하리라. 그는 올바름을 승리로 이끌 때까지 부러진 갈대를 꺾지 않고 연기 나는 심지를 끄지 않으리니 민족들이 그의 이름에 희망을 걸리라(12,19-21).

12,15-21은 예수님께서 앞으로 어떻게 아버지의 뜻을 이루실지를 보여 줍니다. 특히 18-21절에 인용된 이사야서 말씀은 예수님께서 '고통받는 야훼의 종'으로서 사람들에게서 배척당하고 십자가에서 죽임을 당하실 것을 예고합니다. 예수님의 수난과 죽음 그리고 부활로 이어지는 내용은 38-42절에서 언급되는 요나의 표징에서도 암시됩니다("요나가 사흘 밤낮을 큰 물고기 배 속에 있었던 것처럼, 사람의 아들도 사흘 밤낮을 땅속에 있을 것이다": 40절).

예수님의 치유 행위를 두고 군중과 바리사이들은 각기 다른 반응을 보입니다(12,22-32). 군중은 그분의 놀라운 능력을 보고 "저분이 혹시 다윗의 자손이 아니신가?"(23절) 하며 예수님을 긍정적으로 바라보지만, 바리사이들은 그분이 '마귀 우두머리 베엘제불의 힘을 빌려 마귀를 쫓아낸다'며 예수님을 모독합니다

(24절). 그러나 예수님께서는 기적이 모두 성령으로 인한 것임을 분명히 밝히시면서, 당신과 더불어 이미 세상에서 드러나기 시작한 하느님의 나라를 보여 주십니다(28절).

11-12장에서 세례자 요한과 그 제자들, 군중은 예수님께 의문을 품고 바리사이들과 율법학자들은 특히 부정적인 반응을 보입니다. 하지만 우리는 이 단락 후반부에서 성전보다, 요나보다, 솔로몬보다 더 크고 위대하신 예수님께서 바로 '여기'에 계심을 확인합니다. 마태오 복음사가는 복음서 전체에 걸쳐서 예수님을 통한 하느님의 지속적인 현존을 강조합니다. 예수님은 바로 우리와 함께 계시는 하느님이시기 때문입니다(1,23; 28,20 참조).

> **이들이 내 어머니고 내 형제들이다. 하늘에 계신 내 아버지의 뜻을 실행하는 사람이 내 형제요 누이요 어머니다**(12,49.50).

예수님을 참하느님으로 믿는 제자가 된 우리는 이제 세상에서 새로운 몫을 살아가도록 부름을 받습니다. 하느님을 끊임없이 의심하고 거부하려는 인간의 연약함을 거슬러, 주님을 굳게 믿고 그분의 말씀을 실행하는 것입니다. 그리하여 우리는 예수님의 어머니이고 형제자매이며 하늘 나라의 '참가족'이 됩니다(12,46-50).

신구약 성경을 대중 라틴 말로 옮긴 불가타Vulgata 성경의 번역가이자 사제인 히에로니무스(Eusebius Sophronius Hieronymus, 342-420) 성인은 《이사야서 주해》 서문에서 "성경을 모르는 것은 그리스도를 모르는 것이다"라고 했습니다. 따라서 성경을 가까이 하여 예수 그리스도를 자주 만나고, 그분을 알고 주님으로 믿고 사랑하며 증언할 수 있어야 하겠습니다. 그렇게 하느님의 말씀을 읽고 실천하는 가운데 우리는 주님의 현존을 깊이 체험하고, 하느님의 참가족과 그분의 나라는 더욱 확장됩니다.

하늘 나라 비유 설교
13,1-53

하늘 나라의 신비(13,11)

여러분은 하늘 나라에 가고 싶으십니까? 대부분 그렇다고 대답하겠지요. 저도 마찬가지입니다. 그러면 지금 당장 하늘 나라에 가고 싶으신가요? 이 질문에는 선뜻 대답하기 어려울 것입니다. 아마 하늘 나라가 좋긴 해도 아직은 죽고 싶지 않기 때문이겠지요. 분명 우리에게 하늘 나라는 '궁극적 희망'이지만, 여전히 미지의 영역으로 남아 있습니다.

예수님께서는 공생활 내내 말씀과 행동으로 하늘 나라를 선포하셨습니다. 5-7장의 산상 설교에서는 하늘 나라에 들어가기 위한 가르침을 전하셨고, 8-9장의 열 가지 기적을 통해서는 하늘 나라의 도래를 직접 보여 주셨습니다. 10장의 파견 설교에서는 제자들을 보내시어 하늘 나라를 선포하도록 하셨고, 11-12장에서는 당신 자신을 하늘 나라의 현존으로 드러내셨습니다. 이처럼 하늘 나라는 예수님의 인격과 맞닿아 있습니다. 예수님께서는 결정적으로 십자가 죽음과 부활을 통해 믿는 이들에게 하늘 나라의 문을 활짝 열어 주십니다(26-28장).

13장은 예수님께서 하늘 나라에 관해 말씀하신 일곱 가지 비유를 소개합니다. 그래서 이 장을 '하늘 나라 비유 설교'라 부릅니다. 비유parable는 어떤 사실을 일상생활에서 쉽게 접할 수 있는 소재에 빗대어 설명하는 방식인데, 예수님께서 자주 활용하셨습니다. 신학교에서 저와 십 년 이상 나이 차이가 나는 신학생들을 가르치다 보면, 제가 든 예를 학생들이 알아듣지 못하는 경우가 종종 있습니다. 세대 차이 때문이지요. 그런데 이천 년 전 지구 반대편에 사셨던 예수님께서는 오늘날 우리에게도 친숙한 비유들로 이질감 없이 하늘 나라를 이해할 수 있도록 해 주십니다.

하늘 나라는 단지 장소 개념을 넘어 '하느님의 다스림, 하느님의 통치'를 의미합니다. 이는 하느님을 중심으로 새로운 생명과 구원이 실현된 상태이며, 하느님의 아드님이신 구세주 예수님 덕분에 은총으로 주어진 것입니다. 그래서 예수 그리스도를 알고 믿고 따르면, 하늘 나라의 행복을 누릴 수 있습니다.

> 너희에게는 하늘 나라의 신비를 아는 것이 허락되었지만, 저 사람들에게는 허락되지 않았다(13,11).

예수님께서는 하늘 나라의 신비를 아는 권한이 제자들에게 주어졌다고 알려 주십니다. 하느님의 자녀들은 세상 사람들과는 달리 하늘 나라의 신비에 대해 들어 알고 있다는 '특권'이 있습니다. 따라서 우리는 하느님께서 거저 주신 은총에 감사해야 합니다. 그러나 여기에만 머물러서는 안 됩니다. 믿는 이들에게는 예수님처럼 말과 행동으로 하늘 나라의 신비를 세상에 전하고, 이 땅에서 하늘 나라를 구현하기 위해 노력할 '책임'이 있습니다.

씨 뿌리는 사람의 비유(13,1-23)에서 씨를 뿌리는 사람은 하늘 나라의 말씀을 선포하시는 예수님을 떠올리게 합니다. 참된 제자는 예수님의 말씀을 충실히 받아들여 많은 열매를 맺습니다. 가라지의 비유(24-30.36-43절)에서는 밭에 밀과 가라지가 뒤섞여 자라듯이, 세상에도 선한 이와 악한 이가 공존함을 알려 줍니다. 마지막 수확 때 집주인이 밀과 가라지를 구별하여 밀은 곳간으로 모아들이고 가라지는 태워 버리듯, 종말의 때에 하느님의 심판이 있을 것입니다. 유사한 내용이 그물의 비유(47-50절)에서 다시 나타납니다. 하늘 나라는 '이미' 시작되었지만, '아직' 완성되지는 않았습니다. 하늘 나라는 궁극적으로 세상 종말에 이르러 완성될 것입니다.

겨자씨의 비유(31-32절)와 누룩의 비유(33절)에서는 하늘 나라가 지극히 작고 보잘것없는 것에서부터 시작되지만, 세상 안에서 계속해서 성장하고 확장된다고 전합니다. 보물의 비유(44절)와 진주 상인의 비유(45-46절)는 하늘 나라를 발견한 이의 기쁨을 강조합니다. 하늘 나라는 다른 어떤 것과도 비교할 수 없는 가장 값진 보물이기에, 이를 얻기 위해서는 지금까지 소중히 여겨 온 모든 것을 포기하고 투신해야 한다는 것입니다.

> 그러므로 하늘 나라의 제자가 된 모든 율법학자는 자기 곳간에서 새것도 꺼내고 옛것도 꺼내는 집주인과 같다(13,52).

52절에서는 '하늘 나라의 제자가 된 이들'과 '율법학자'가 결합되어 제시됩니다. 이는 제자들이 율법학자들과 바리사이들의 의로움을 능가하는(5,17-20) 새롭고 특별한 소명을 받았음을 드러냅니다. 그 대상은 마태오 복음사가 자신, 제자들, 그리고 오늘날 주님을 따르는 우리 자신이기도 합니다.

집주인이 자기 곳간(테사우로스θησαυρός: 원래 의미는 '보물')에서 새것도 꺼내고 옛것도 꺼낸다고 할 때, 흔히 '새것'은 예수님의 가르침과 행적을, '옛것'은 구약성경과 율법을 의미합니다. 교부들은 이를 넓은 의미에서 신약과 구약으로 해석했습니다. 즉, 우리는 구약과 신약을 완성하신 예수님의 가르침을 실천함으로써 이 땅에 하늘 나라를 구현하는 주님의 일꾼이 됩니다.

예수님께서는 저마다 삶의 자리에서 하느님 나라를 선취해서 살아가라고 우리를 부르십니다. 하늘 나라는 아주 가까이에 있습니다. 그러나 하늘 나라의 신비를 아는 권한이 주어졌어도 우리가 찾지 않는다면 그 나라는 멀어질 것입니다. 하늘 나라의 신비를 깨닫기 위해 주님의 가르침에 귀 기울이며 그 말씀을 기쁘게 실천해야 하겠습니다. 그렇게 할 때, 지금 여기 우리 가운데 와 있는 하늘 나라가 자라날 것입니다.

생명의 주님, 구원자 예수님 13,54-14,36

**용기를 내어라.
나다. 두려워하지 마라**(14,27)

신학생 시절, 본당 교리 교사들과 동해안 감포로 야유회를 간 적이 있습니다. 바닷가에서 신나게 물놀이를 하는데 갑자기 엄청난 파도가 들이닥쳤습니다. '쾅!' 하는 굉음과 함께 저는 순식간에 파도에 휩쓸리고 말았습니다. 겨우 정신을 차리고 보니, 제 몸은 바다 위를 둥둥 떠다니고 있었고 발은 바닥에 전혀 닿지 않았습니다. 죽을힘을 다해 헤엄을 치면 칠수록 몸은 바다 쪽으로 밀려나며 뭍에서 점점 더 멀어졌습니다. 저는 두려움과 공포에 휩싸였습니다.

얼마 가지 않아 온몸의 힘이 빠져 버려 더 이상 버틸 수가 없었습니다. 태어나서 처음으로 죽음을 마주하였습니다. '이렇게 죽는구나!' 그 순간, 마치 거대한 손이 허리를 감싸듯 파도에 몸을 싣게 되었고 이윽고 발밑에 모래가 닿는 감촉이 느껴졌습니다. 마침내 해안가에 다다른 것입니다. 그날 저는 구원자 하느님, 생명의 주님을 만났습니다.

우리는 세상을 살아가며 갖가지 어려움과 고통을 겪습니다. 때로는 죽을 위험에 직면하기도 합니다. 그때 이 말씀을 기억하며 생명의 하느님께 기도합시다. "내가 너를 구원하였으니 두려워하지 마라. 내가 너를 지명하여 불렀으니 너는 나의 것이다. 네가 물 한가운데를 지난다 해도 나 너와 함께 있고 강을 지난다 해도 너를 덮치지 않게 하리라. 네가 불 한가운데를 걷는다 해도 너는 타지 않고 불꽃이 너를 태우지 못하리라"(이사 43,1-2).

마태오복음서는 전체 구조 속에서 예수님의 정체를 드러냅니다. 1장 탄생 이야기에서 예수님을 '임마누엘, 우리와 함께 계시는 하느님'(1,23)으로 선포하며 복음서를 시작하고, 28장 부활 이야기에서 "보라, 내가 세상 끝 날까지 언제나 너희와 함께 있겠다"(28,20)라는 부활하신 예수님의 현존 약속으로 복음서를 마무리합니다. 이는 수미상관 방식으로 '하느님의 지속적 현존'인 예수님의 정체를 강조하며 복음사가의 의도를 드러냅니다.

14장에서 헤로데는 예수님의 소문을 듣고 그분을 되살아난 세례자 요한으로 여깁니다(1-2절). 앞서 예수님께서는 하늘 나라의 비유 설교(13,1-53)를 마치신 다음, 고향 나자렛으로 가시는데 사람들은 그분의 정체와 능력에 여전히 의문을 가집니다(54-

58절). 믿는 이들은 물론이고, 나자렛 고향의 믿지 않는 이들에게도 말씀과 행동으로 하늘 나라의 복음을 전하며 군중을 몰고 다니시던 예수님의 정체는 참으로 놀랍고 신비로웠습니다.

이어서 세 가지 중요한 사건이 보도됩니다. 곧 오천 명을 먹이신 기적 이야기(14,13-21), 물 위를 걸으신 이야기(22-33절) 그리고 겐네사렛에서 병자를 고치신 이야기(34-36절)는 예수님이 누구이신지를 더욱 명확하게 알려 줍니다.

> **빵 다섯 개와 물고기 두 마리를 손에 들고 하늘을 우러러 찬미를 드리신 다음 빵을 떼어 제자들에게 주시니, 제자들이 그것을 군중에게 나누어 주었다**(14,19).

오천 명을 먹이신 기적 이야기(13-21절)는 예수님께서 생명을 주시는 하느님이심을 깨닫게 합니다. 특히 빵 다섯 개와 물고기 두 마리를 '들고', '찬미를 드리시며', '떼어', '주시는'(19절) 예수님의 동작을 나타내는 네 가지 동사는 성찬 제정 본문에서 반복됩니다("예수님께서 빵을 들고 찬미를 드리신 다음, 그것을 떼어 제자들에게 주시며": 26,26). 이는 이 이야기가 성찬례와 매우 밀접한 관련이 있음을 드러냅니다. 예수님의 이 동작은 오늘날 미사에서도 사제를 통해 똑같이 재현되며, 우리는 성찬례에서 생명의 빵으로 우리를 찾아오시는 주님을 만나게 됩니다.

물 위를 걸으신 이야기(22-33절)는 예수님께서 자연을 다스리며 인간을 구원하시는 하느님이심을 알게 합니다. 전통적으로 성경에서 배는 '교회'를, 바다는 '세상'을 상징합니다. 그래서 흔히 교회는 세상을 항해하는 배로 묘사되며, 바다의 거친 풍랑과 파도는 교회가 세상에서 겪는 갖가지 곤경을 나타냅니다.

배를 타고 호수 건너편으로 먼저 간 제자들은 풍랑에 시달립니다. 예수님께서는 새벽에 호수 위를 걸어 제자들에게 가십니다. 구약성경에서 물 위를 걷고 자연을 통제하여 인간을 죽음에서 구하는 것은 오직 하느님의 행위였습니다(욥 9,8; 시편 77,20; 107,23-30; 하바 3,15). 따라서 우리는 물 위를 걸으시는 예수님에게서 구약의 하느님의 모습을 발견할 수 있습니다.

용기를 내어라. 나다. 두려워하지 마라(14,27).

예수님께서는 먼저 "용기를 내어라"라는 말씀으로 제자들을 위로하십니다. 이어서 "나다" 하시며 당신이 앞서 오천 명을 먹이신 생명의 주님, 그들의 스승임을 알려 주십니다. 이 표현은 구약의 야훼 하느님께서 모세에게 당신 자신을 드러내실 때 쓰신 '하느님의 자기 계시 표현', 즉 '에고 에이미'(ἐγώ εἰμι, "나는 있는 나다": 탈출 3,14)를 상기시킵니다. 그래서 이 말씀은 궁극적으로 예수님이 누구이신지를 분명히 밝히며, 주님을 따르는 이들에게 큰 위로와 용기를 줍니다. 예수님은 제자들의 고통과 어려움을 절대 외면하지 않는 하느님이십니다.

"두려워하지 마라." 제자들이 죽음에 직면하여 절망하던 순간, 예수님께서 다가와 건네시는 이 말씀은 하느님의 위로와 보호, 구원을 보여 줍니다. 이스라엘 백성이 이집트를 떠나 갈대 바다를 건너는 장면에서, 우리는 모세의 입을 통해 이 말씀을 들었습니다(탈출 14,13). 마태 14장에서 예수님께서 같은 말씀을 선포하시면서, 그분이야말로 하느님 백성의 구원자임이 드러납니다. 마태오복음서에서 이 말씀은 하느님의 현존을 강하게 드러냅니다(1,20; 28,5.10). 하느님께서는 이 말씀으로 인간을 만나러 오십니다. 임마누엘이신 예수님께서는 어떠한 상황에서도 우리를 구원하시고 우리와 함께하십니다(1,23; 28,20).

풍랑을 가라앉히신 이야기(8,23-27)에서 보았듯이, 사실 예수님께서는 말씀만으로도 자연을 제어하실 수 있습니다(8,26). 그런데 마태오 복음사가는 베드로가 물 위를 걷는 이야기(14,28-31)를 추가하여 '예수님에 대한 제자들의 믿음'을 강조합니다.

> 예수님께서 "오너라" 하시자, 베드로가 배에서 내려 물 위를 걸어 예수님께 갔다(14,29).

예수님의 명령에 따라 베드로가 물 위를 걷습니다. 이는 오직 하느님에게만 가능한 일인데, 예수님을 믿음으로써 베드로도 하느님의 신적 권능에 참여합니다. 하지만 예수님을 바라보고 걷던 베드로가 거센 바람으로 눈을 돌리자, 그만 두려워져 물에 빠지고 맙니다. "주님, 저를 구해 주십시오"(30절). 베드로의 외침에 예수님은 손을 내밀어 그를 붙잡으며 말씀하십니다. "이 믿음이 약한 자야, 왜 의심하였느냐?"(31절). 주님이며 구원자이신 예수님께서는 믿음을, 더 정확히는 '의심하는 약한 믿음'이 아닌 '의심하지 않는 굳건한 믿음'을 요구하십니다. 이야기는 제자들의 신앙 고백으로 마무리됩니다. "스승님은 참으로 하느님의 아드님이십니다"(33절). 신기하게도 시련과 고통을 겪으며 우리는 예수님이 누구이신지를 비로소 깨닫습니다.

겐네사렛에서 병자를 고치신 이야기(14,34-36)는 예수님께서 치유자이며 구원자이심을 보여 줍니다. 그분은 오천 명을 먹이시기 전에도 군중을 보고 가엾은 마음이 드시어 아픈 이들을 모두 고쳐 주셨습니다(14절). 복음서에서 예수님께서 일으키시는 여러 가지 치유 기적은 인간에게 놀라운 구원 체험임이 틀림없습니다. 그러나 이러한 사건들이 예수님의 정체를 더욱 분명히 드러낸다는 점을 놓치지 말아야 합니다. 치유 기적을 통해서 우리는 구원자 예수님을 확인하게 됩니다.

14장에서 예수님은 우리를 먹여 살리시고, 우리와 함께 계시며, 우리의 상처를 낫게 하시는 생명의 주님이요 구원자로 드러나십니다. 가난과 질병, 고통과 죽음의 위협과 같은 예기치 못한 여러 가지 어려움으로 우리네 인생은 만만찮습니다. 그래서 누군가는 '인생은 고통의 바다'라고도 말합니다. 하지만 우리는 고통의 바다 한가운데를 걸어오시어 우리를 위로하고 구원해 주시는 주님의 음성을 듣습니다. "용기를 내어라. 나다. 두려워하지 마라"(14,27). 이제 우리에게 필요한 것은 무엇일까요? 단 한 가지, 오직 주님에 대한 굳건한 믿음입니다.

예수님에 대한 불신과 믿음 15,1-16,12

**아, 여인아!
네 믿음이 참으로 크구나**(15,28)

유학 생활 중에 지갑을 잃어버린 일이 있었습니다. 인터넷도 잘 안되던 시절이라 발을 동동 구르다가 지갑 안에 든 카드를 해지하기 위해 한국 시간에 맞추어 아침 7시에 어머니께 전화를 드렸습니다. 그랬더니 어머니가 깜짝 놀라면서 하시는 말씀이, 전날 밤에 집에 도둑이 드는 꿈을 꾸었는데 혹시 유학 간 아들에게 무슨 일이 생겼나 마음이 뒤숭숭하여 그 밤에 아버지를 깨워 집 주위를 몇 바퀴 돌며 묵주기도를 바치셨다고 합니다. 제가 지갑을 잃고 몹시 당황했던 바로 그 시각이었지요. 그날 기도가 부모와 자녀를 얼마나 신비롭게 연결하는지 깨달았습니다. 저는 그때나 지금이나 어머니의 기도가 하느님의 손길 안에서 저를 보호해 주고 있다고 생각합니다.

신앙은 맹목적인 것이라고 생각할 수 있지만, 참된 그리스도교 신앙은 그렇지 않습니다. 멀리 유학 간 아들을 걱정하며 매일 기도하시던 어머니의 마음이 그러하듯, 하느님께서는 우리가 처한 상황을 알고 어려움을 보살피실 뿐만 아니라 우리의 간절한 기도를 절대 외면하지 않으십니다. 우리는 그러한 주님께 희망을 걸고 뚜렷한 목적을 향해 나아갑니다. 그리스도인은 생명이요 구원이며 진리이신 예수 그리스도께 희망을 두는 사람입니다(12,21).

예수님의 정체에 관한 주제는 11,2-16,20에서 계속 부각됩니다. 예수님께서는 비유로 하늘 나라의 신비를 알려 주셨고(13장), 생명의 주인이요 구원자이며 치유자로 당신을 드러내셨습니다(14장). 그러나 사람들은 예수님을 믿지 못하고 오히려 공격하며 그분의 정체를 의심합니다. 이러한 불신은 15-16장에서도 이어집니다. 15장은 바리사이들과 율법학자들이 조상들의 전통을 두고 예수님과 벌이는 논쟁으로 시작됩니다(1-20절). 16장에서는 바리사이들과 사두가이들이 예수님께 표징을 요구하면서(1-12절) 예수님을 향한 적대자들의 의심과 불신은 절정에 달합니다.

   흥미롭게도, 적대자들의 불신을 전하는 일화들 사이에는 예수님께서 가나안 여인의 믿음을 보시고 그녀의 딸을 치유하신 이야기(15,21-28), 많은 병자를 고치신 이야기(29-31절), 사천 명을 먹이신 이야기(32-38절)가 차례로 배치되어 있습니다. 이를 통해 복음사가는 바리사이들과 율법학자들의 불신을 가나안 여인의 믿음과 대조하면서 예수님에 대한 굳건한 믿음을 강조하고, 모든 이의 구원자요 치유자이며 생명의 주님으로 오신 예수님의 정체를 다시 확인해 줍니다.

예루살렘에서 온 바리사이들과 율법학자들은 음식을 먹을 때 손을 씻는 것과 같은 조상의 전통을 지키지 않는 제자들의 모습을 보고 예수님께 다가와 질문합니다(15,1-2). 그러자 예수님께서는 그들의 마음을 꿰뚫어 보시고, 하느님의 말씀을 상기시키며 말씀하십니다(3-9절).

> **이 백성이 입술로는 나를 공경하지만 그 마음은 내게서 멀리 떠나 있다**(15,8).

예수님께서는 이사 29,13을 인용하시며, 하느님의 율법과 전통을 지킨다고 말하지만 실제로 그 마음은 하느님에게서 멀리 벗어나 있던 바리사이들과 유다인들의 위선과 거짓을 지적하십니다. 그리고 입으로 들어가는 것이 아니라 입에서 나오는 것이 사람을 더럽힌다고 하시며(15,11-12) 바리사이들을 겨냥하여 "눈먼 이들의 눈먼 인도자"(14절)라고 강도 높게 비판하십니다. 이어서 모든 말과 행동의 근원이 되는 마음의 중요성을 강조하십니다.

입에서 나오는 것은 마음에서 나오는데 바로 그것이 사람을 더럽힌다. 마음에서 나쁜 생각들, 살인, 간음, 불륜, 도둑질, 거짓 증언, 중상이 나온다(15,18-19).

유사한 내용을 예수님께서 앞서 말과 마음에 관하여 말씀하신 12,33-37에서도 확인할 수 있습니다('사실 마음에 가득 찬 것을 입으로 말하는 법이다": 12,34).

'마음'을 의미하는 카르디아καρδία라는 단어에 주목하면, 산상 설교(5-7장)의 시작에 있는 진복팔단(5,3-10)의 말씀을 떠올릴 수 있습니다. "행복하여라, 마음이 깨끗한 사람들! 그들은 하느님을 볼 것이다"(5,8). 참고로 5,3("행복하여라, 마음이 가난한 사람들!")에서는 카르디아가 아닌 프네우마(πνεῦμα, '영', '숨')가 쓰였는데, 《성경》에서는 '마음'으로 옮겼습니다. 거룩하신 하느님을 만나 뵙기 위해서는 무엇보다도 마음의 순수함과 정결함이 요구됩니다. 마음과 관련하여, 우리는 성경에서 가장 큰 계명을 상기시키시는 예수님의 말씀을 듣습니다. "'네 마음을 다하고 네 목숨을 다하고 네 정신을 다하여 주 너의 하느님을 사랑해야 한다.' 이것이 가장 크고 첫째가는 계명이다"(22,37-38; 참조 신명 6,5). 결국, 먼저 마음을 다스리고 하느님에 대한 사랑으로 마음을 가득 채우는 것이 주님을 따르는 이들의 합당한 자세입니다.

우리 마음에는 두 마리의 개가 있다고 합니다. 한 마리는 선하고 착한 개이고, 다른 한 마리는 악하고 나쁜 개입니다. 이 두 마리가 날마다 으르렁거리며 다투고 있습니다. 누가 이길까요? 정답은 주인이 먹이를 많이 주는 개입니다. 이처럼 마음에는 늘 선과 악이 공존하지만, 평소 어디에 더 많은 정성을 쏟는가에 따라 마음이 선으로 채워질 수도, 악으로 뒤덮일 수도 있습니다. 그러므로 하느님께서 원하시는 것, 거룩하고 참되고 선하고 아름다운 것, 바로 주님의 사랑으로 마음을 채워야 합니다. "악에 굴복당하지 말고 선으로 악을 굴복시키십시오"(로마 12,21).

하지만 마음을 언제나 하느님이 원하시는 것으로만 채우기란 여간 힘든 일이 아닙니다. 우리의 노력과 힘만으로는 거의 불가능합니다. 하느님께서는 구약의 에제키엘 예언자를 통하여 당신 자녀들에게 새 마음과 새 영을 넣어 주시고, 돌처럼 굳은 마음을 살로 된 마음으로 바꾸어 주시겠다고 약속하셨습니다(에제 36,26). 따라서 우리는 하느님의 약속이 실현되도록 말씀 안에 깊이 머무르며 나날이 마음을 새롭게 하고 거듭나게 하시는 성령의 은총을 간청해야 합니다.

이제 바리사이와 율법학자들의 불신과 대조되는 가나안 여인의 믿음에 관한 이야기가 보도됩니다. 예수님께서 티로와 시돈 지방, 곧 이교 지역의 가나안 여인의 믿음을 보시고 그 여인의 딸을 치유해 주시는 사건입니다. 본래 예수님께서는 유다인들에게 복음을 전하셨고 일차적으로 이스라엘 백성을 위해 파견되셨지만(15,24; 참조 10,5-6), 그분의 가르침과 구원의 은총은 점차 모든 이를 향해 보편적으로 퍼져 나갑니다(21,43; 24,14; 25,32; 28,19 참조).

다윗의 자손이신 주님, 저에게 자비를 베풀어 주십시오. 제 딸이 호되게 마귀가 들렸습니다(15,22).

아, 여인아! 네 믿음이 참으로 크구나. 네가 바라는 대로 될 것이다(15,28).

가나안 여인이 예수님께 마귀 들린 딸을 고쳐 달라고 큰소리로 간청합니다. 예수님께서는 대답하지 않으시다가(23절) 여인이 계속 외쳐 대자, 당신은 오직 이스라엘 백성을 위해 왔다고 다소 냉랭하게 말씀하십니다(24절). 그러나 여인은 포기하지 않고 예수님께 엎드려 절하며 재차 매달립니다(25절). 이에 예수님께서는 "자녀들의 빵을 집어 강아지들에게 던져 주는 것은 좋지 않다"(26절)라고 말씀하시며 여전히 그녀의 청을 거절하시는 듯합니다. 하지만 여인이 "주님, 그렇습니다. 강아지들도 주인의 상에서 떨어지는 부스러기는 먹습니다"(27절)라고 자신을 낮추며 거듭 청하자, 그 믿음에 큰 감명을 받으시고 여인의 딸을 치유해 주십니다. 우리도 가나안 여인과 같은 겸손과 믿음으로 예수님의 마음을 움

직인다면, 마침내 구원을 체험하게 될 것입니다.

가나안 여인의 딸과 많은 병자를 낫게 하신 이야기(15,21-31) 그리고 앞서 오천 명을 먹이신 이야기(14,13-21)에서 치유자요 구원자이며 생명의 주님이신 예수님의 정체를 드러냈던 복음사가는 사천 명을 먹이신 이야기에서 이를 더욱 공고히 합니다.

16장에서 바리사이들과 사두가이들은 예수님을 시험하려고 다시 표징을 요구합니다. 그들의 악함을 아시는 예수님께서는 그들을 남겨 두고 떠나가십니다(1-4절). 그리고 그들의 거짓과 위선을 누룩에 비유하시며 제자들에게 "바리사이들과 사두가이들의 누룩을 조심하여라"(6.11절) 하고 거듭 당부하십니다.

15,1-16,12에서 예수님의 정체를 드러내는 다양한 모습과 그분이 일으키신 기적을 목격한 사람들의 각기 다른 반응을 살펴보았습니다. 이제 우리는 갈림길 앞에 서 있습니다. 바리사이들과 율법학자들 그리고 사두가이들처럼 여전히 예수님을 의심하며 계속해서 그분을 시험할 것인가? 아니면 가나안 여인처럼 예수님을 믿고 그분께 끝까지 의탁할 것인가? 예수님은 누구이신가? 나는 그분을 어떻게 생각하는가? 이어지는 베드로의 고백에서 예수님의 정체에 대한 이해는 정점에 이릅니다.

베드로의 그리스도 고백
16,13-20

너희는 나를 누구라고 하느냐?(16,15)

개인 피정을 하며 홀로 성체 앞에 앉아 '너는 나를 누구라고 생각하느냐?'라는 예수님의 말씀에 깊이 머무른 적이 있습니다. 선뜻 답하기 어려웠습니다. 나름 오랜 시간 동안 외국에서 성경을 공부하고 논문을 쓰면서, 결론적으로 예수님은 '우리와 함께 계시는 하느님, 임마누엘이십니다'(1,23)라고 자신 있게 말하곤 했습니다. 하지만 정작 예수님과 단둘이 마주하자 '너에게 나는 도대체 누구니?'라는 물음에 쉽사리 대답하지 못했습니다.

도무지 입이 떨어지지 않고 마음이 움직이지 않아 한참을 고민했습니다. 두 시간이나 흘렀을까요? 가까스로 주님께 응답을 드렸습니다. '주님, 당신은 제 존재 이유입니다. 그러기에 당신은 저의 구원자, 창조주, 메시아여야만 합니다.' 성소의 길에 들어서서 신학교 10년, 사제가 된 후 유학 10년, 이렇게 거의 20년 이상을 예수님만 바라보며 살아왔습니다. 그렇기에 예수님은 저에게 꼭 그런 분이어야 했습니다. 마음 한편이 불편했습니다. 금방 답하지 못해서 죄송했고, 예수님을 그렇게 저에게 맞추어야만 했던 사실이 무척이나 송구했습니다.

다시 예수님께 여쭈었습니다. '예수님, 그러면 저는 당신에게 누구입니까?' 곧장 마음속에서 목소리가 들려오는 듯했습니다. '너는 내 사랑이다. 기쁨이다. 친구이자 형제다. 내가 너를 불렀고, 너와 함께하고 싶다.' 감사와 기쁨의 눈물이 흘렀습니다. 저에게는 이 체험이 주님의 큰 선물이었습니다. 내가 생각하는 예수님과 예수님이 생각하는 나, 이 두 가지 질문은 예수님을 따르는 그리스도인이라면 한 번쯤 진지하게 던져 보아야 할 근원적인 질문입니다.

예수님께서 카이사리아 필리피 지방에 이르러 제자들에게 물으십니다. "사람의 아들을 누구라고들 하느냐?"(16,13). 제자들은 사람들이 예수님을 세례자 요한, 엘리야, 예레미야나 예언자 가운데 한 분으로 여긴다고 말합니다. 이어지는 예수님의 질문은 이제 다른 사람들의 생각이 아닌 제자들 각자를 향합니다.

그러면 너희는 나를 누구라고 하느냐?(16,15).

스승님은 살아 계신 하느님의 아드님 그리스도이십니다(16, 16).

열두 사도를 대표하여 베드로가 한 대답은 '예수님, 당신은 우리와 함께 우리 가운데 생생하게 현존하시는 주님이며, 인간이 되어 오신 하느님의 아드님 구세주 그리스도이십니다!'라는 신앙 고백입니다. '구원자'를 의미하는 그리스도(크리스토스Χριστός, 메시아 מָשִׁיחַ, 기름부음받은이)라는 용어는 복음서의 문을 여는 "예수 그리스도의 족보"(1,1)에서 처음 사용되었고, 그분의 기원과 탄생 이야기에서 쓰였습니다(1,16.17.18; 2,4). 이 호칭은 한동안 등장하지 않다가 예수님에 대한 세례자 요한의 반응을 전하는 이야기에서 나타나고(11,2) 베드로의 메시아 고백을 전하는 이야기에서 두 번 사용되면서(16,16.20), 구원자인 예수님의 정체가 마침내 계시됩니다. 21장에서 예수님께서 예루살렘에 입성하신 다음, 그곳에서 보낸 마지막 며칠간의 이야기(22,42; 23,10; 24,5.23)와 특히 예수님의 십자가 죽음을 전하는 수난 이야기에서 이 호칭이 집중적으로 쓰이는데(26,63.68; 27,17.22), 이는 십자가의 예수님이 바로 우리가 믿는 그리스도 주님임을 알려 줍니다.

예수님께서는 그 대답을 들으시고, 베드로라는 반석 위에 '내 교회'(16,18)를 세우겠다고 하시면서 그에게 하늘 나라의 열쇠를 주시고 하늘과 땅에서 매고 푸는 권한을 맡기십니다(17-20절). 베드로에게 맡겨진 '매고 푸는 권한'은 예수님의 이름으로 가르치는 특권이며, 구체적으로 사랑과 용서로 실행됩니다. '모임', '집회', '회중'을 뜻하는 카할קָהָל에서 파생된 에클레시아(ἐκκλησία, 교회)라는 단어는 복음서에서 단 3회[16,18; 18,17(2회)] 쓰입니다. 이제 이 용어는 베드로의 반석 위에 세워진 예수님의 새로운 교회 공동체를 가리킵니다. 교회는 살아 계신 하느님의 아드님 예수 그리스도를 선포하고, 그분의 가르침을 널리 알리고 전하며, 죄의 용서와 화해를 통해 하늘 나라에 들어가는 길을 열어 줍니다.

베드로가 예수님을 그리스도라고 고백한 이 단락(16,13-20)은 갈릴래아와 그 주변에서 펼쳐진 예수님의 활약상(4,17-16,20)을 마무리하며 복음서의 전환점이 됩니다. 이제부터 예수님께서는 예루살렘으로 향하시기 때문입니다. 제자들에게 수난과 부활을 예고하시면서 말이지요(16,21-20,34). 그리고 마침내 예루살렘에 입성하시어 하느님의 구원 역사를 완성하는 파스카를 이루실 것입니다(21,1-28,20).

우리는 이미 예수님을 믿고 따르며 살아갑니다. 하지만 다시 처음으로 돌아가 스스로에게 이 질문들을 던져 볼 필요가 있습니다. '예수님, 당신은 저에게 누구십니까? 당신에게 저는 누구입니까?' 오늘은 십자가 아래에서 예수님과 마주 앉아 진솔하게 그분과 대화하는 시간을 한번 가져 보면 어떨까요?

V

예루살렘으로
향하는 길
16,21-20,34

수난과 부활 예고
16,21-23; 17,22-23; 20,17-19

그때부터 예수님께서는
당신이 반드시 예루살렘에 가시어 (16,21)

학자들은 하느님의 구원 역사의 관점에 따라 마태오복음서를 다음과 같이 세 부분으로 나누기도 합니다.

```
1,1-4,16        예수 그리스도의 등장
4,17-16,20      이스라엘을 위한 공생활과 이스라엘로부터의 박해
16,21-28,20     예루살렘을 향한 여정과 수난, 죽음 그리고 부활
```

그 근거는 4,17과 16,21에서 공통으로 등장하는 '그때부터 예수님께서는 …(하)기 시작하셨다'라는 문구입니다. 앞에서 우리는 베드로가 예수님의 정체를 메시아라고 고백하는 말씀을 들었습니다(16,16). 그런데 16,21에서 분위기가 완전히 달라집니다. 이제부터 예수님께서 예루살렘으로 향하는 여정과 구원 역사의 정점

인 파스카 사건을 다루는 새로운 단락이 시작됩니다. 예루살렘을 향한 예수님의 여정이 예고되고, 그리스도이신 예수님께서 어떻게 예루살렘에서 아버지의 뜻을 이루며 하느님의 구원 사업을 완수하실지 듣게 됩니다. 이는 제자들의 예상과 기대를 완전히 무너뜨리는 것이었습니다.

예수님께서는 세 차례에 걸쳐 수난과 죽음과 부활을 예고하십니다(16,21-23; 17,22-23; 20,17-19). 그때마다 제자들을 교육하십니다(16,24-28; 18,1-5; 20,20-28). 인류 구원을 위한 십자가 죽음에 직면하시는 예수님의 결연한 마음을 헤아리면서, 제자로서 어떻게 주님을 따라나서야 할지 살펴봅시다.

> **그때부터 예수님께서는 당신이 반드시 예루살렘에 가시어 원로들과 수석 사제들과 율법학자들에게 많은 고난을 받고 죽임을 당하셨다가 사흘날에 되살아나셔야 한다는 것을 제자들에게 밝히기 시작하셨다**(16,21).

예수님께서 처음으로 당신의 수난과 죽음 그리고 부활에 관해서 예고하시자마자 베드로가 예수님을 꼭 붙들고 반박합니다. "맙소사, 주님! 그런 일은 주님께 결코 일어나지 않을 것입니다"(22절). 베드로는 바로 직전에 예수님을 메시아라고 고백하여 칭찬을 받았고(16-17절), 주님이 베드로라는 반석 위에 당신의 교회를 세우겠다며 하늘 나라의 열쇠를 주셨기에(18-19절), 이번에도 마땅히 주님의 칭찬을 받으리라 예상했을지 모릅니다.

하지만 예수님께서는 베드로를 호되게 꾸짖으십니다. "사탄아, 내게서 물러가라. 너는 나에게 걸림돌이다. 너는 하느님의 일은 생각하지 않고 사람의 일만 생각하는구나!"(23절). 이는 광야에서 유혹을 받으실 때 예수님께서 악마에게 하신 말씀을 상기시킵니다. "사탄아, 물러가라. 성경에 기록되어 있다. '주 너의 하느님께 경배하고 그분만을 섬겨라'"(4,10). 예수님께서 베드로를 사탄이라고 부르신 까닭은 그가 실제로 악령에 사로잡혀서가 아닙니다. 예수님이 가실 길에 '걸림돌'(스칸달론σκάνδαλον)이 되었기 때문입니다. 하느님을 경배하고 하느님의 일을 행하는 데 방해가 된다면, 그 누구라도 사탄이라 불릴 수 있습니다. 우리는 언제나 하느님을 삶의 중심으로 삼고 하느님의 일을 가장 우선으로 여겨야 합니다.

> 누구든지 내 뒤를 따라오려면, 자신을 버리고 제 십자가를 지고 나를 따라야 한다(16,24).

처음으로 수난을 예고하신 다음, 예수님께서는 제자들에게 당신을 어떻게 따라야 하는지 알려 주십니다. 처음 제자들을 부르실 때는 아무런 조건 없이 그저 "나를 따라오너라"(4,19) 하셨는데, 이제 좀 더 구체적으로 당신을 따르는 길을 가르쳐 주십니다. 예수님을 따르는 길은 자신을 버리고 제 십자가를 지는 것입니다. 곧 예수님의 십자가 수난과 죽음에 동참하여 그분과 같은 운명을 공유하며, 주님과 온전히 하나가 되는 것입니다.

주님을 따르기 위해서 요구되는 '자기 포기'와 '십자가를 지는 것'(24절)은 23절에서 언급된 "하느님의 일"과 연결됩니다. 예수님께서는 당신을 따르며 자기 목숨을 기꺼이 포기하는 사람은 목숨을 얻고(25-26절), 사람의 아들이 영광스럽게 재림하는 종말에 그 행실대로 갚음을 받는다고 약속하십니다(27-28절). 그리스도를 따름에는 자기 포기와 십자가가 수반되지만, 동시에 주님의 합당한 보상이 분명히 주어집니다.

예수님께서는 두 번째로 수난을 예고하시며 사람의 아들이 사람들의 손에 넘겨져 죽었다가 사흘날에 되살아날 것이라고 말씀하십니다(17,22-23). '사람의 아들'이라는 호칭은 묵시문학 전통(대표적으로 다니 7,13을 비롯한 다니엘서와 외경의 에녹서)에서 자주 사용하는 표현으로, 마지막 날에 죄인을 심판하고 의인을 구원하러 오시는 영광스럽고 초월적인 존재를 상기시킵니다(19,28; 25,31). 후기 유다교에서는 다윗 집안의 메시아를 희망하며 이 호칭이 사용되었습니다.

예수님께서는 사람의 아들이 하늘의 구름을 타고 오리라고 여러 번 말씀하십니다(24,30; 26,64). 특히 인류 구원을 위하여 수난과 죽음과 부활을 겪으실 당신 자신을 이 호칭으로 거듭 일컬으십니다(12,40; 17,9.22; 20,28; 26,2.45). 고통받는 메시아(그리스도)로서 예수님의 인성은 이 호칭에서 두드러집니다. 예수 그리스도는 사람의 아들로서 인간의 고통과 죽을 운명에 동참하십니다. 그리고 마침내 십자가 고통과 죽음을 이기고 부활하시어 영광을 누리십니다.

> 누구든지 이 어린이처럼 자신을 낮추는 이가 하늘 나라에서 가장 큰사람이다(18,4).

두 번째 수난 예고와 더불어 예수님께서는 제자들에게 자기 자신을 낮추는 겸손의 삶을 권고하십니다(18,1-5). 이와 관련하여 병행 구절인 마르 9,33-37의 '가장 큰 사람에 대한 논쟁'에서 예수님께서는 열두 제자에게 모든 이의 종이 되는 섬김의 삶을 강조하십니다("누구든지 첫째가 되려면, 모든 이의 꼴찌가 되고 모든 이의 종이 되어야 한다": 마르 9,35).

> 너희 가운데에서 높은 사람이 되려는 이는 너희를 섬기는 사람이 되어야 한다. 또한 너희 가운데에서 첫째가 되려는 이는 너희의 종이 되어야 한다. 사람의 아들도 섬김을 받으러 온

것이 아니라 섬기러 왔고, 또 많은 이들의 몸값으로 자기 목숨을 바치러 왔다(20,26-28).

20,17-19에서는 세 번째로 수난을 예고하시며 제자들에게 섬김과 헌신의 삶을 거듭 가르쳐 주십니다(20,20-28).

예수님께서는 이렇게 세 번에 걸쳐 제자들에게 당신의 수난과 죽음과 부활을 예고하시고, 당신을 따르는 제자의 길을 가르치십니다. 당신이 겪으실 가장 큰 고통 앞에서 제자들이 십자가 여정에 직면할 수 있도록 단단히 무장시키십니다. 하지만 제자들은 이 수난 예고와 가르침을, 예수님의 파스카 사건이 끝나고 부활하신 주님을 체험한 뒤에야 비로소 완전히 깨닫게 될 것입니다.

나치 독일에 저항하고 순교한 디트리히 본회퍼 목사(Dietrich Bonhoeffer, 1906-1945)는 '제자도의 대가 The Cost of Discipleship'를 설명하면서, 그리스도께서 제자들을 부르시는 소명에 '와서 죽으라 Come and Die!'는 매우 강력한 명령이 담겨 있다고 역설합니다. 예수님을 따르는 여정은 험난하고 우리의 예상을 훨씬 뛰어넘습니다. 하지만 예수님께서는 당신의 모범과 제자들을 향한 가르침을 통해 끊임없이 우리를 십자가 길에 초대하십니다.

거룩한 변모
17,1-9

**일어나라.
그리고 두려워하지 마라**(17,7)

신학생 때 예수님의 거룩한 변모 사건을 묵상하면, 유명한 트로트 가수의 '님과 함께'라는 노래가 떠올랐습니다. "저 푸른 초원 위에 그림 같은 집을 짓고 사랑하는 우리 님과 한 백 년 살고 싶어…." 예수님의 영광스러운 변모를 체험한 베드로의 고백(17,4)처럼 저는 초막 셋을 지어서 그저 영원히 주님과 함께 살고 싶었습니다. 하지만 복음서를 좀 더 공부해 보니, 그것은 이 단락의 중심 주제가 아니었습니다. 예수님의 거룩한 변모 사건이 우리에게 전하는 메시지는 과연 무엇일까요?

예수님의 거룩한 변모 사건은 예루살렘으로 향하는 여정에서 첫 번째 수난 예고(16,21-23)와 두 번째 수난 예고(17,22-23) 사이에 일어납니다. 이 사건은 사람의 아들이신 예수님께서 예루살렘에서 완수하실 사명의 의미와 그분이 받으실 영광을 미리 밝혀 줍니다. 그리하여 우리가 예수님의 고통과 죽음에만 머무르지 않고, 눈을 들어 초월적이며 영광스러운 예수님의 부활을 향하도록 해 줍니다.

거룩한 변모 사건은 구약의 이스라엘 백성이 시나이산에서 모세를 통해 하느님과 계약을 맺은 사건과 매우 밀접한 관련이 있습니다. 예를 들어 '산'이라는 배경, 제자 세 사람, 빛나는 얼굴, 빛나는 구름, 구름 속에서 들리는 소리, 두려워하는 등장인물의 반응 등이 그러합니다(탈출 24장; 34장 참조). 특히 빛나는 얼굴로 시나이산에서 내려온 모세처럼 거룩하게 변모하신 예수님은 신약의 새로운 모세로 계시됩니다. 그러나 모세가 하느님과의 관계로 인해서 얼굴의 살갗이 빛나게 되었다면, 예수님께서는 스스로 눈부시게 빛을 발하시는 '하느님의 아드님'이라는 결정적인 차이가 있습니다.

그분의 얼굴은 해처럼 빛나고 그분의 옷은 빛처럼 하얘졌다 (17,2).

'해처럼 빛나는 얼굴'은 아버지 나라에서 종말에 나타날 의인들의 얼굴을 의미하기도 합니다(13,43). 요한묵시록에서는 사람의 아들("그분의 얼굴은 한낮의 태양처럼 빛났습니다": 묵시 1,16)과 천사

(10,1)의 얼굴을 묘사하는 대목에서 사용되면서 초월적 존재의 현존을 보여 줍니다. "그분의 옷은 빛처럼 하얘졌다"라는 대목에서 '빛'을 뜻하는 포스φῶς는 주로 예수님 자신을 드러내는데(마태 4,16), 그분의 옷이 하얗게 된 것은 예수님의 부활 이야기에 등장하는 천사의 모습을 떠오르게 합니다("그의 모습은 번개 같고 옷은 눈처럼 희었다": 28,3). 결국 거룩한 변모 사건에서 묘사된 예수님의 모습은 그분을 통한 하느님의 거룩하고 영광스러운 현현을 묵시적이고도 종말론적으로 나타낸 것입니다.

예수님의 모습이 거룩하게 변하신 그때, 모세와 엘리야가 제자들 앞에 나타나 예수님과 이야기를 나눕니다(17,3). 일반적으로 모세는 율법을, 엘리야는 예언서를 상징하기 때문에 두 인물은 구약성경 전체를 의미한다고 할 수 있습니다. 그들은 모두 산에서 하느님을 만났고(탈출 19,3.20; 24,15-18; 1열왕 19,8-18) 이스라엘 백성에게 거부당하고 핍박받으며 모진 고통을 겪지만, 하느님께서 그들을 의롭게 해 주십니다. 예수님께서 모세와 엘리야와 이야기를 나누시는 모습에서 우리는 그분이 구약의 말씀을 성취하러 오셨다는 것을 알 수 있으며(마태 5,17) 앞으로 맞이하실 운명도 예상할 수 있습니다.

마태오 복음사가는 모세와 엘리야가 예수님과 무슨 이야기를 나누었는지 전하지 않습니다. 반면에 루카 복음사가는 그들이 예수님께서 예루살렘에서 성취하실 일, 곧 세상을 떠나실 일을 이야기했다고 하며 그분의 파스카 사건을 예고합니다(루카 9,31). 이런 상황에서 베드로가 나서서, 초막 셋을 지어 주님과 모세와 엘리야께 하나씩 드리면 좋겠다고 제안합니다(마태 17,4). 놀랍고도 황홀한 광경에 빠져 아마도 주님과 영원토록 함께 머물고 싶었을 베드로의 심정이 느껴집니다. 그 말이 채 끝나기도 전에 하늘의 빛나는 구름이 그들을 덮고 구름 속에서 성부 하느님의 소리가 들려옵니다.

> **이는 내가 사랑하는 아들, 내 마음에 드는 아들이니 너희는 그의 말을 들어라**(17,5).

앞서 예수님께서 세례를 받고 물에서 올라오셨을 때도 하늘에서 소리가 들려왔습니다. "이는 내가 사랑하는 아들, 내 마음에 드는 아들이다"(3,17). 하느님께서는 예수님이 당신의 아들이라고 직접 말씀하셨습니다. 예수님의 정체는 베드로의 고백에서도 드러났습니다. "스승님은 살아 계신 하느님의 아드님 그리스도이십니다"(16,16). 이제 예수님의 거룩한 변모 사건에서 성부의 음성으로 세례 때의 말씀이 똑같이 계시됩니다. 이는 예수님께서 십자가에서 돌아가신 직후 이방인 백인대장의 고백으로 모든 이에게 선포됩니다. "참으로 이분은 하느님의 아드님이셨다"(27,54). 이렇듯 예수님이 '하느님의 아드님'이라는 계시는 점차 확장됩니다.

구름 속 소리는 하느님의 아드님의 말을 들으라고 합니다. 성경에서 '들으라'는 명령은 '순종하여라', '지켜라', '실천하여라'를 뜻합니다. 이는 이스라엘 백성을 향한 하느님의 말씀, 곧 '셰마 이스라엘שְׁמַע יִשְׂרָאֵל'에서도 확인할 수 있습니다. "이스라엘아, 들어라! 주 우리 하느님은 한 분이신 주님이시다. 너희는 마음을 다하고 목숨을 다하고 힘을 다하여 주 너희 하느님을 사랑해야 한다"(신명 6,4-5). 따라서 하느님의 아드님의 말을 듣는 것은 예수님의 말씀을 듣는 것, 즉 예수님의 가르침에 순종하고 그분 뜻을 따르는 것입니다. 이는 무엇보다도 예수님께서 말씀하신 사랑의 계명을 실천하는 것으로 드러납니다.

여기서 "그의 말"(5절)은 예수님께서 이미 하신 말씀을 뜻하기도 하고 앞으로 하실 말씀을 의미하기도 합니다. 특히 이야기의 서두에 언급된 "엿새 뒤에"(1절)라는 시간 표현은 앞서 보도된 16,13-28과 연관하여 이해할 수 있습니다. 그 단락에서 '예수님의 말씀'은 그리스도이며 하느님의 아드님이신 예수님의 정체(13-20절), 수난과 부활 예고(21-23절), 그분을 따르는 길, 사람의 아들의 임박한 재림과 보상(24-28절)입니다. 그러므로 예수님의 말씀을 듣는 것은 그분의 파스카 사건과 다시 오심에 관한 말씀에 순종하는 것과 연결됩니다.

예수님께서 다가오시어 그들에게 손을 대시며(17,7ㄱ).

두려운 나머지 얼굴을 땅에 대고 엎드린 제자들에게 예수님께서 다가오십니다. 마태오복음서에서 '다가오다'에 해당하는 동사 프로세르코마이προσέρχομαι는 일반적으로 인간 쪽에서 예수님께 다가가는 것을 표현할 때 사용되었습니다. 즉 군중, 제자, 아픈 이, 눈먼 이, 바리사이, 율법학자, 여인이 도움을 청하거나 질문하기 위해 예수님께 다가갔습니다. 그런데 이번에는 예수님 쪽에서 두려움에 떨고 있는 제자들에게 다가가십니다. 흥미롭게도, 마태오복음서에서 주어로 이 동사가 예수님을 쓰인 대목은 거룩한 변모 사건(17,1-9)과 부활하신 예수님께서 제자들에게 사명을 주시며 당신의 현존을 약속하시는 장면(28,16-20)뿐입니다("예수님께서는 그들에게 다가가 이르셨다": 28,18). 이는 거룩한 변모 사건을 부활의 빛 속에서 새롭게 이해하도록 우리를 초대합니다. 제자들에게 다가오신 예수님께서는 그들에게 손을 대며 말씀하십니다.

일어나라. 그리고 두려워하지 마라(17,7ㄴ).

하느님 아버지께서는 빛나는 구름 속에서 아드님이신 예수님의 말을 들으라고 명하셨는데(5절), 곧바로 나오는 아드님의 첫 말씀은 "일어나라. 그리고 두려워하지 마라"입니다. 이 말씀은 같은 변모 사건을 전하는 공관복음서(마르 9,2-10; 루카 9,28-36)에서는 발견되지 않고 오직 마태오복음서에만 나옵니다. 구약성경에서도 자주 들었듯이 '두려워하지 마라'는 하느님 현현에 전형적으로 동반하는 말씀입니다(다니 10,11-12). 따라서 이 말씀은 분명 예수님의 참된 정체를 드러냅니다.

두려워하지 말라는 예수님의 말씀은 제자들을 안심시키고 위로하며 하느님께서 그들을 보호하심을 알려 줍니다(10,26-33 참조). 이 말씀은 예수님께서 물 위를 걸어오시며 풍랑에 시달리는 제자들에게 "용기를 내어라. 나다. 두려워하지 마라"(14,27) 하신 장면을 다시금 떠오르게 합니다. 이제 '두려워하지 않는 것'은 제자들이 마땅히 갖추어야 할 자세를 나타냅니다. 이 말씀은 28장에서 빈 무덤에 나타난 천사를 통해 한 번(5절), 부활하신 예수님을 통해 마지막으로 한 번 더(10절) 사용되면서, 거룩한 변모와 예수님의 부활 사건을 연결합니다.

제자들이 정신을 차렸을 때는 예수님 외에는 아무도 보이지 않았습니다(8절). 오직 예수님만 남았습니다. 제자들과 함께 계시는 '유일하신 예수님'의 현존입니다. 예수님께서는 산에서 내려오시며, 그들이 본 것을 사람의 아들이 되살아날 때까지 아무에게도 말하지 말라고 당부하십니다(9절). 예수님의 함구령은 이 사건이 예수님의 파스카 사건과 관련이 있음을 암시합니다. 제자들은 거룩한 변모 사건의 의미를 사람의 아들이신 예수님의 죽음과 부활 이후에 완전히 깨닫게 됩니다.

거룩한 변모 사건은 하느님의 아드님이요 계시자로서 예수님의 정체를 드러내고, 예수님의 수난과 영광스러운 부활을 미리 맛보게 합니다. 머지않아 예루살렘에서 벌어질 파스카 사건을 앞두고, 예수님께서는 제자들에게 말씀하십니다. "일어나라. 두려워하지 마라"(7절). 주님의 제자인 우리도 다시 일어나, 두려움 없이 그분의 수난과 부활에 참여하도록 부름 받았습니다.

교회 공동체 설교 18,1-35

두 사람이나 세 사람이라도
내 이름으로 모인 곳에는
나도 함께 있기 때문이다 (18,20)

"모여서 기도하고 나가서 선교하자." 한국천주교 가두선교단의 구호입니다. 어린 시절, 주일학교에서 가두선교를 따라나선 적이 있었습니다. 어린이들이 거리에서 한목소리로 "모여서 기도하고, 나가서 선교하자!"라고 외치는 광경을 한번 떠올려 보세요. 자연스럽게 미소가 지어지시나요? 그런데 당시 저는 부끄러운 마음이 더 컸던 기억이 납니다. 그래도 친구들과 함께했기에 재미와 보람을 느낄 수 있었지요.

교회는 세상에서 하느님의 뜻을 이루기 위해 주님과 함께 기도하는 공동체입니다. 나아가 예수 그리스도 복음의 진리를 주님을 모르는 모든 이에게 전하기 위해서 존재합니다(28,19-20). 교회가 갖추어야 할 합당한 모습을 우리는 복음서에서 발견합니다.

전통적으로 마태오복음서는 '교회의 복음서'라고 불립니다. 이는 복음서 가운데 유일하게 마태오복음서에서만 '교회'를 의미하는 에클레시아ἐκκλησία라는 단어가 사용되며[16,18; 18,17(2회)], 이 복음서가 교회 공동체에 꼭 필요한 가르침을 전하기 때문입니다. 예수님께서는 베드로라는 반석 위에 당신의 교회(16,18)를 세우셨습니다. 따라서 마태오가 전하는 교회는 유다인의 '회당'(시나고게συναγωγή)과 구분되는 제자들의 모임입니다. 즉, 교회는 예수 그리스도를 중심으로 모여 주님의 가르침을 믿고 따르고 증언하는 새로운 하느님 백성을 의미합니다.

18장에서 예수님께서는 교회 공동체가 하늘 나라를 어떻게 받아들여야 하는지를 가르치시고 하늘 나라의 맏물인 교회의 참모습을 밝혀 주십니다. 주된 내용은 어린이처럼 자신을 낮추는 이가 되는 것(1-5절), 죄의 유혹을 물리치는 것(6-9절), '작은 이들'과 '길 잃은 이들'에 대한 관심과 배려(10-14절), 형제에게 충고하는 방법(15-18절), 함께 기도하는 것(19-20절), 용서하는 것(21-35절)으로 이루어져 있습니다.

> 너희가 회개하여 어린이처럼 되지 않으면, 결코 하늘 나라에 들어가지 못한다(18,3).

예수님께서는 하늘 나라에 들어가기 위한 조건으로 '회개'와 '어린이처럼 되기'를 말씀하십니다(3절). '회개하다'로 번역된 동사 스트레포στρέφω는 '돌리다', '돌아서다'라는 의미인데, 마음의 변화를 바탕으로 한 '근본적인 삶의 변화'를 가리킵니다. 온 마음과 삶을 다하여 하느님을 향하고 어린이처럼 겸손하게 자신을 낮추며 전적으로 하느님만을 신뢰하는 사람이야말로 하늘 나라에 들어갈 수 있습니다. 그 사람은 하늘 나라에서 가장 큰 사람이라고 불립니다(4절).

> 너희는 이 작은 이들 가운데 하나라도 업신여기지 않도록 주의하여라(18,10).

예수님께서는 죄의 유혹을 단호히 물리치고(6-9절) '작은 이들'과 '길 잃은 이들'을 단 한 사람도 소홀히 여기지 않고 형제적 사랑과 관심으로 따뜻하게 돌보는 것이 공동체의 가장 우선순위가 되어야 함을 일깨워 주십니다(10-14절). 형제가 죄를 지으면 타이르고 교회를 통해서 그를 깨우쳐 주도록 힘쓰라고 하십니다(15-18절). 죄는 단순히 개인적 차원에 국한되지 않고 공동체 전체에 영향을 끼치는 사회적 차원의 문제이므로 이를 극복하고 쇄신하기 위하여 교회가 함께 노력을 기울여야 한다는 것입니다.

교회는 무엇보다도 한 아버지 아래에서 함께 기도하기 위해 모인 공동체입니다. 그리고 예수님께서는 분명히 두 사람이나 세 사람이라도 "내 이름으로 모인" 곳에는 '그들 가운데' 함께 있겠다고 약속하십니다(19-20절; 참조 1,23; 28,20).

일곱 번이 아니라 일흔일곱 번까지라도 용서해야 한다(18,22).

예수님께서는 교회 공동체를 위한 설교의 마지막 내용으로 형제에 대한 용서를 거듭 강조하십니다(21-35절; 참조 6,12.14-15). 세상에서 가장 하기 힘든 일이 두 가지 있다고 합니다. 하나는 죄를 짓지 않는 것이고, 다른 하나는 누군가를 용서하는 것입니다. 특히 원수를 용서하기(5,43-48 참조)는 인간적으로 도저히 불가능하게 여겨집니다. 성경에서 숫자 7은 '완전', '완성', '전체'를 상징합니다. 따라서 일흔일곱 번까지라도 용서하라는 예수님의 말씀은 그야말로 무한정, 무조건, 완전히 용서하라는 뜻입니다. 이 말씀에 머무르다 보면 조금, 아니 매우 억울합니다. 나에게 상처와 아픔을 준 얼굴이 떠올라, 솔직히 예수님의 이 요구가 무척 부담스럽게 다가옵니다. 하지만 매정한 종의 비유(18,23-35)에서 드러나듯이 이러한 용서는 하느님께 근거합니다. 하느님께서는 조건도 한정도 없이 먼저 우리를 사랑하시고 용서하십니다.

내가 너에게 자비를 베푼 것처럼 너도 네 동료에게 자비를 베풀었어야 하지 않느냐?(18,33).

하느님께서 죄인인 우리를 먼저 용서해 주셨으니 우리도 마땅히 형제들을 용서하고, 하느님께서 부당한 우리에게 조건 없이 자비를 베푸셨으니 우리도 형제들에게 자비를 베풀어야 한다는 것입니다. '주님의 기도'에서도 용서를 가르쳐 주신(6,12) 예수님께서는 십자가 죽음을 통해서 하느님의 사랑과 용서를 완전히 보여 주셨습니다. 그리고 오늘도 십자가에서 두 팔을 벌려 사랑과 용서의 길로 우리를 초대하십니다.

18장은 예수 그리스도를 중심으로 하여 하늘 나라의 복음을 따르는 교회가 마땅히 구현해야 하는 공동체의 참모습을 전해 줍니다. 그것은 회개와 주님에 대한 오롯한 의탁, 가난하고 약하고 소외된 이들과 길 잃은 형제들에 대한 우선적 관심과 따뜻한 보살핌, 하느님의 무한하고도 조건 없는 사랑과 자비에서 흘러넘치는 형제적 사랑과 용서, 화해의 공동체입니다. 이러한 교회 공동체의 소명은 '우리 가운데 현존하는 하느님이신 예수님'(1,23; 18,20; 28,20)과 일치하여 교회 구성원들이 한마음 한뜻으로 바치는 기도를 통해 더욱 굳건해지고, 마침내 풍성한 열매를 맺습니다. 모든 그리스도 교회가 예수님께서 선포하신 하늘 나라의 참모습을 온 세상에 증언하며, 거룩하고 참되고 살아 있는 하늘 나라의 공동체로 거듭날 수 있도록 함께 기도합시다.

하늘 나라와
영원한 생명의 길 19,1−20,34

네가 완전한 사람이 되려거든(19,21)

인생은 나그넷길일까요? 아니면 순례자의 길일까요? 저는 우리 삶이 정처 없이 떠도는 나그네살이라기보다 목적지를 향해 묵묵히 걸어가는 순례 여정이라고 생각합니다. '하늘 나라를 향해 걸어가는 순례자', 이 얼마나 멋진 표현입니까? 하루하루 근근이 살아가는 이에게 '하늘 나라'와 '영원한 생명'이라는 주제는 현실과는 너무나도 동떨어진, 머나먼 남의 나라 이야기처럼 들릴지도 모르겠습니다.

하지만 예수님께서는 우리가 좀 더 근원적인 것을 바라보게 하십니다. '영원'이신 분이 세상에 오셨기에, 우리는 현세를 살면서도 영원한 생명을 희망하게 되었습니다. 비록 시간의 제약과 육신의 한계 속에 살아가지만, 주님으로 말미암아 무한하고 영원한 삶을 추구할 수 있게 되었습니다. 창조 이전에 영원으로부터 계시다가 인간이 되어 세상에 오신 하느님의 아드님 예수 그리스도께서는 우리 가운데 하늘 나라를 선포하고 드러내 보이셨습니다(요한 1,14). 우리는 하느님의 말씀을 통해 하늘 나라가 다름 아닌 영원한 생명임을 확인합니다.

19장에서는 창조와 종말, 하늘 나라와 영원한 생명에 관한 말씀이 서로 긴밀하게 엮여 있음에 주목합니다. "창조주"(4절), "하늘 나라"(12.14.23절), "영원한 생명"(16.29절), "하늘에서 보물"(21절), "하느님 나라"(24절), "새 세상"(28절) 등과 같은 표현이 다양하게 발견됩니다. 하느님의 구원 사업을 완성하시는 예수님의 파스카 사건을 앞두고, 예루살렘 입성 직전에 소개되는 이러한 내용들은 매우 흥미롭습니다. 창조주 하느님께서는 참으로 좋으신 예수님을 통해서 하늘 나라의 영원한 생명과 구원의 길로 우리를 부르시는 듯합니다.

예수님은 갈릴래아를 떠나 유다 지방 요르단 건너편으로 이동하시며(1절) 본격적으로 예루살렘을 향해 가십니다. 일부 내용(10-12절)을 제외하면, 마태 19장은 마르 10장과 같은 내용과 순서를 공유합니다.

예수님께서는 먼저 혼인에 대해 말씀하시면서 우리를 천지 창조의 순간으로 데려가십니다(19,1-9). 하느님께서 처음부터 사람을 남자와 여자로 만드셨고, 둘이었던 남녀를 한 몸으로 맺어 주셨음을 상기시키면서, 혼인의 고귀함과 존엄성을 강조하십니다(창세 1,27; 2,24 참조). 이어서 하늘 나라를 위해 스스로 독신을 선택한 이들이 있음을 언급하시며 당신의 과업인 '하늘 나라'를 위한 새로운 삶을 알려 주십니다(19,10-12). 혼인한 부부도 창조주의 뜻에 맞게 세상을 다스리고 보살필 의무가 있고(창세 1,26-30 참조), 독신을 선택한 이도 오직 하늘 나라를 위해 그렇게 사는 것이기에, 혼인과 독신 생활 모두 거룩한 가치가 있음을 일깨워 주십니다.

하늘 나라는 이 어린이들과 같은 사람들의 것이다(19,14).

사람들이 어린이들을 데려오자, 예수님께서는 손을 얹어 축복하시고 하늘 나라는 어린이와 같은 이들의 것이라고 말씀하십니다. 그분은 앞에서도 제자들에게 하늘 나라에 들어가기 위한 조건으로 '회개하여 어린이처럼 되기'를 강조하셨습니다(18,3). 어린이는 자신을 낮추고 전적인 순종과 오롯한 믿음으로 하느님만을 따르며 섬기는 이를 의미합니다. 연약하고 가난하며 소외된 존재라는 점에서, 어린이는 진복팔단에서 이야기하는 영적·물적으로 가난한 이에 해당합니다(5,3). 그러므로 가난한 이들에게 참행복과 하늘 나라를 약속하신 예수님의 말씀이 이루어지는 것을 확인할 수 있습니다.

> 스승님, 제가 영원한 생명을 얻으려면 무슨 선한 일을 해야 합니까?(19,16).

다음은 하늘 나라와 부자에 관한 이야기입니다(19,16-26). 어떤 사람이 예수님께 다가와서 영원한 생명을 얻는 방법을 묻습니다. 여기서 "어떤 사람"은 문맥상 예수님의 제자가 아닌 익명의 '부자 청년'으로 파악됩니다(20,22절). 그가 예수님을 "스승님"(디다스칼로스διδάσκαλος)이라고 부릅니다. 이는 히브리어에서 유래한 라삐 ῥαββί와 같은 의미입니다. 예수님을 이렇게 부르는 것은 계명을 주제로 하는 뒤따르는 대화 내용을 고려하면 충분히 이해됩니다.

영원한 생명을 얻는 길은 하느님의 계명을 지키는 것(18-19절)에서 한 걸음 더 나아갑니다. 예수님의 말씀, 곧 "네 이웃을 너 자신처럼 사랑해야 한다"(19절)라는 계명을 더욱 구체적으로 살아야 하는 것입니다. 이는 이웃 사랑을 완성하기 위해서 재산을 팔아 가난한 이들에게 주는 자발적 가난과 가난한 이들에 대한 투신으로 이어집니다.

> 네가 완전한 사람이 되려거든, 가서 너의 재산을 팔아 가난한 이들에게 주어라. 그러면 네가 하늘에서 보물을 차지하게 될 것이다. 그리고 와서 나를 따라라(19,21).

예수님께서는 부자 청년을 영원한 생명의 새로운 차원, 곧 '완전한 사람이 되는 길'로 초대하십니다(21절). '완전한'을 뜻하는 형용사 텔레이오스τέλειος는 복음사가가 선호하는 어휘로, 복음서에서는 오직 마태오복음서에서만 세 번 사용됩니다[5,48(2회); 19,21]. 앞서 산상 설교(5-7장)의 '원수를 사랑하라'(5,43-48)는 권고에서 예수님께서는 하느님의 특성인 '완전함'으로 제자들을 부르셨습니다("하늘의 너희 아버지께서 완전하신 것처럼 너희도 완전한 사람이 되어야 한다": 5,48). 또한 "하늘의 보물을 쌓아라"(6,20)라는 말씀처럼 하늘의 보물을 얻기 위해서는 땅의 보물을 포기해야 함을 강조하십니다. 원수 사랑과 이웃을 위한 가난의 자발적 실천은 인간이 하느님의 완전함을 닮는 길입니다.

그리스어 텔레이오스에 해당하는 히브리어 타밈תָּמִים은 '전적인', '나뉨 없는', '온전한', '무결한', '흠 없는' 등의 의미를 지닙니다. 결국 예수님께서 요구하시는 완전함은 '나뉨 없이 온전하게 하느님 앞에 서는 것'입니다. 부자 청년은 영원한 생명을 얻기 위해서 예수님을 찾아왔지만 슬퍼하며 떠나갑니다. 많은 재물을 가지고 있었기 때문입니다(22절). 부자가 하늘 나라에 들어가기는 참으로 어렵습니다(23절). 영원한 생명을 얻으려면 완전한 사람이 되어야 하는데, 이를 위해서는 자신의 '모든 것'을 바쳐야 하기 때문입니다. 부자 청년의 모습은 모든 것을 버리고 예수님을 따라 나선 제자들의 모습과는 상반됩니다(4,18-22; 9,9; 19,27 참조).

> 보시다시피 저희는 모든 것을 버리고 스승님을 따랐습니다.
> 그러니 저희는 무엇을 받겠습니까?(19,27).

베드로가 모든 것을 버리고 스승이신 주님을 따라나선 제자들을 대표하여 예수님께 보상에 관하여 묻습니다. 예수님께서는 당신을 따른 그들에게 종말에 열두 지파를 심판할 권한과 현세의 보상 그리고 영원한 생명을 약속하십니다(19,28-29). 주님을 따르기 위해서는 희생과 수고라는 값비싼 대가를 치러야 합니다. 하지만 그것과 비교할 수 없는 보상과 영광이 마련됩니다. 그러니 어떻게 하시겠습니까? 우리도 모든 것을 버리고 주님을 따릅시다!

선한 포도밭 주인의 비유(20,1-16)는 마태오복음서에서만 보도됩니다. 이 이야기는 하늘 나라의 주인이신 하느님의 모습을 단적으로 보여 줍니다. 주인은 밭에서 하루 종일 일한 일꾼부터 오후 다섯 시쯤부터 일한 일꾼까지 모두에게 똑같이 한 데나리온을 품삯으로 줍니다. 하느님께서는 인간의 노력과 정성에 응답하시지만, 동시에 인간의 행업과 공로에 상관없이 모든 이에게 똑같이 은총을 베푸시는, 한없이 너그러우시고 자비로우신 분입니다. 이 이야기는 먼저 부르심을 받은 유다계 그리스도인들과 나중에 부르심을 받은 이방계 그리스도인들이 뒤섞여 살아가던 마태오 공동체의 상황을 암시하기도 합니다.

이처럼 꼴찌가 첫째 되고 첫째가 꼴찌 될 것이다(20,16).

예수님께서 앞서 제자들에게 따름과 보상에 관하여 말씀하실 때는 "첫째가 꼴찌 되고 꼴찌가 첫째 되는 이들이 많을 것이다"(19,30)라고 하셨는데, 이번에는 앞뒤 순서를 바꾸어 "꼴찌가 첫째 되고 첫째가 꼴찌 될 것이다"라고 말씀하십니다. 의미는 같지만, 아마도 꼴찌로 여겨진 이들, 곧 이방인, 세리, 창녀, 가난한 이들이 하늘 나라의 첫째가 될 수 있음을 더욱 강조하시는 듯합니다. 우리는 모두 주님 포도밭의 일꾼입니다. 먼저 부르신 사람이나 나중에 부르신 사람이나 모두에게 똑같이 은총을 주시는 참으로 자비하신 하느님을 같은 아버지로 모시고 살아가고 있습니다. 그러므로 남들과 비교하지 않고 묵묵히 그리고 충실히 자신에게 주어진 몫을 다해야 하겠습니다.

이제 예수님께서는 예루살렘에서 사람의 아들이 겪게 될 수난과 죽음과 부활을 세 번째로 예고하십니다(20,17-19). 앞서 두 차례의 수난 예고(16,21-23; 17,22-23)와 마찬가지로 제자 교육(16,24-28; 18,1-5)이 따릅니다. 여기서는 출세와 섬김에 관해 가르치십니다(20,20-28). 제베대오의 두 아들의 어머니가 예수님께 이른바 하느님 나라에서 아들들이 앉을 자리를 청탁했기 때문입니다(21절). 어머니의 치맛바람(?)입니다.

너희는 너희가 무엇을 청하는지 알지도 못한다. 내가 마시려는 잔을 너희가 마실 수 있느냐?(20,22).

예수님께서 마실 잔은 수난과 십자가 죽음을 의미합니다("이 잔이 저를 비켜 가게 해 주십시오": 26,39). 예수님을 따르는 제자들도 그 잔을 마실 것입니다. 그러나 하느님 나라에서 예수님의 오른쪽과 왼쪽에 누가 앉느냐는 아버지께 달려 있다고 말씀하십니다(20,23). 그리고 그보다 중요한 점을 당부하십니다. 예수님이 그러하시듯 제자들도 형제들을 섬기고 이웃을 위해서 봉사하는 종이 되어야 한다는 것입니다(26-27절). 사람의 아들도 섬기러 왔고 많은 이를 위해 목숨을 바치러 왔기 때문입니다(28절).

공관복음서는 공통적으로 예루살렘 입성 직전에 예수님께서 예리코에서 눈먼 사람을 고쳐 주신 이야기를 전합니다(마태 20,29-34; 마르 10,46-52; 루카 18,35-43). 이 사건 역시 치유자요 구원자이신 예수님의 정체를 잘 드러냅니다. 눈먼 두 사람은 예수님을 "다윗의 자손"이라 부르며 자비를 간청합니다. 군중이 꾸짖었지만, 그들은 더욱 큰 소리로 주님께 호소합니다(20,31). 이에 예수님은 걸음을 멈추시고 그들에게 물으십니다.

내가 너희에게 무엇을 해 주기를 바라느냐?(20,32).

주님, 저희 눈을 뜨게 해 주십시오(20,33).

그들은 가장 절실한 것을 예수님께 청합니다. 예수님께서 가엾은 마음이 드시어 그들의 눈에 손을 대시자, 그들은 곧 다시 보게 되었습니다. 그리고 예수님을 따라나섭니다(34절). 다시 보게 된 이들이 눈을 뜨고 가장 먼저 마주한 대상은 예수님이었습니다. 그들은 예수님을 통해 육신의 눈을 치유받았을 뿐 아니라, 그들 앞에 계신 구원자 예수님을 새롭게 보게 되었습니다. 그들은 이제 예수님을 따르며 예루살렘에서 벌어질 파스카 사건에 동참합니다. 우리도 믿음으로 영혼의 눈을 새롭게 뜨고 예수님을 따를 수 있도록 간청합시다. 그리하여 예루살렘으로 갑시다. 하늘 나라, 영원한 생명의 길을 주님과 함께 걸어갑시다!

VI

수난, 죽음
그리고 부활
21,1–28,20

예루살렘 입성
21,1-22,46

다윗의 자손께 호산나!(21,9)

예루살렘은 역사적·종교적으로 유다교, 그리스도교, 이슬람교의 가장 중요한 도시입니다. 예루살렘을 지칭하는 히브리어 예루샬라임ירושלים은 '터', '기초'를 뜻하는 예루ירו와 당시 팔레스타인 지방의 신 이름으로 추정되는 샬렘שלם의 합성어입니다. 샬렘은 '평화'를 의미하는 샬롬שלום과 어근이 같습니다. 따라서 본래 예루살렘은 '샬렘의 터', '샬렘의 도시'라는 의미였으나 점차 '평화의 터', '평화의 도시'로 이해되었습니다. 그런데 오늘날 예루살렘에서 평화를 찾을 수 있습니까? 예루살렘은 끊임없는 분쟁으로 평화를 침해받고 있습니다. 그리스도인에게 평화는 그저 아무 일도 일어나지 않는 안정된 상태가 아닙니다. 갈등과 분열에도 불구하고 십자가를 통해서 이루어지는 것입니다. 예루살렘이 평화를 회복할 수 있기를 희망하며, 진정한 평화를 위해 의연히 예루살렘에 입성하신 예수님과 함께 길을 나서 봅시다.

예수님께서는 당신에게 맡겨진 하느님 아버지의 뜻을 예루살렘에서 완전히 성취하십니다. 왜 하필이면 예루살렘이었을까요? 예루살렘은 다윗 임금(기원전 1010-970년경)에 의해서 통일 왕국의 수도가 되었고, 솔로몬 임금(기원전 970-933년경)은 그곳에 성전을 세웠습니다. 즉, 예루살렘은 천 년 가까이 정치, 문화, 종교, 사회, 경제 등 모든 면에서 유다인에게 삶의 중심이었습니다.

하느님과 인간을 이어 주며 하느님의 현존을 상징하고, 짐승의 희생 제사로 이스라엘 백성의 죄를 용서한 성전의 역할은 궁극적으로 예수 그리스도에게서 완성됩니다. 따라서 죄의 용서와 모든 이의 구원을 위한 예수님의 수난과 죽음과 부활은 성전이 있는 예루살렘에서 이루어져야만 했습니다. 예수님의 승천 이후 성령 강림 사건이 일어나고 초대 교회가 탄생하면서 새로운 교회의 시대가 시작된 곳 역시 예루살렘입니다(사도 2장).

예수님께서 겸손하게 어린 나귀를 타시고 예루살렘에 입성하십니다(마태 21,7). 즈카르야서에 예언된, 하느님의 구원을 이루시며 이스라엘을 다스리실 메시아에 대한 말씀이 성취됩니다. "딸 예루살렘아, 환성을 올려라. 보라, 너의 임금님이 너에게 오신다. 그분은 의로우시며 승리하시는 분이시다. 그분은 겸손하시어 나귀를, 어린 나귀를 타고 오신다"(즈카 9,9; 참조 이사 62,11). 수많은 군중이 겉옷과 나뭇가지들을 길바닥에 깔고 메시아로 오신 예수님께 소리 높여 환호합니다.

다윗의 자손께 호산나! 주님의 이름으로 오시는 분은 복되시어라. 지극히 높은 곳에 호산나!(21,9).

축제 때 유다인들은 찬양 시편을 바쳤는데, '구원을 베푸소서'라는 의미의 히브리어 '호쉬아 나הוֹשַׁע נָא'(시편 118,25)가 그리스어로 의역되어 '호산나ὡσαννά'라고 불렸습니다. 군중은 "다윗의 자손"(1,1)이며 메시아로 오신 예수님을 '만세'와도 같은 환호성으로 맞이했습니다. 그러나 예수님의 모습은 사람들이 기대한 임금 메시아와는 전혀 달랐습니다. 그분은 지배하거나 심판하기 위해서가 아니라, 십자가 죽음과 부활을 통해서 우리를 구원하시려고 예루살렘에 입성하셨습니다.

예수님께서는 먼저 성전에 들어가시어 상인들을 쫓아내고 환전상들의 탁자를 엎으며, '기도의 집'에서 '강도들의 소굴'로 변질된 성전을 정화하십니다(21,12-17). 마르코복음서에 따르면, 성전에서 벌어진 이 사건은 예수님을 죽음에 이르게 하는 결정적인 계기가 됩니다("수석 사제들과 율법학자들은 이 말씀을 듣고 그분을 없앨 방법을 찾았다": 마르 11,18).

그다음에는 열매 맺지 못하는 무화과나무를 저주하시는데

(21,18-22), 이를 통해서 아무 결실을 내지 못하던 성전과, 영적 열매를 맺지 못하던 회개하지 않은 유다인들을 강하게 비판하십니다. 두 아들의 비유(28-32절)를 통해서도 회개를, 곧 하느님의 말씀과 그분의 뜻을 실천하라고 촉구하십니다.

세리와 창녀들이 너희보다 먼저 하느님의 나라에 들어간다 (21,31).

마태오를 부르시고 세리와 죄인들과 함께 음식을 드시며 의인이 아니라 죄인을 부르러 왔다(9,9-13)고 하신 예수님께서는 당시에 가장 멸시받던 세리와 창녀들이 복음 선포의 핵심인 하늘 나라를 차지하고, 수석 사제들과 백성의 원로들은 그렇지 못할 것이라고 말씀하십니다(21,31-32). 하늘 나라에 들어가기 위한 조건은 회개하고 하느님을 믿는 것입니다("너희는 그것을 보고도 생각을 바꾸지 않고 끝내 그를 믿지 않았다": 32절).

포도밭 소작인의 비유(21,33-46)는 이제 예수님의 수난과 죽음이 매우 임박했음을 암시합니다. 밭 주인은 소작인들에게 종들을 두 번이나 보냈지만 소출을 받지 못하였습니다. 소작인들은 오히려 종들을 때리고 돌로 쳐 죽입니다. 이는 구약의 예언자들이 겪은 모진 박해와 죽음을 상기시킵니다. 주인이 마침내 아들을 보내지만, 소작인들은 자기들끼리 말합니다.

> 저자가 상속자다. 자, 저자를 죽여 버리고 우리가 그의 상속 재산을 차지하자(21,38).

사람의 아들이신 예수님의 비극적 운명이 예고됩니다. 소작인들이 상속자인 아들을 포도밭 밖으로 던져 죽여 버렸듯이(39절) 예수님께서도 비참하게 죽임을 당하실 것입니다. 그러나 시편 118,22-23의 인용구처럼, 예수님께서는 죽음을 이기고 영광스럽게 부활하실 것입니다.

> 집 짓는 이들이 내버린 돌 그 돌이 모퉁이의 머릿돌이 되었네. 이는 주님께서 이루신 일 우리 눈에 놀랍기만 하네(21,42).

이어서 "하느님께서는 너희에게서 하느님의 나라를 빼앗아, 그 소출을 내는 민족에게 주실 것이다"(43절)라는 말씀으로 예수님께서는 수석 사제들과 바리사이들을 충격에 빠뜨리십니다. 하늘 나라는 하느님의 새로운 백성에게 허락된다는 것입니다. 이 비유를 들은 이들은 예수님을 붙잡으려 했으나, 군중이 두려워 그렇게 하지 못합니다. "군중이 예수님을 예언자로 여겼기 때문"입니다(45-46절). 하지만 얼마 가지 않아 군중은 물론 온 백성이 입을 모아 예수님을 비난하며 십자가에 못 박으라고 소리칠 것입니다(27,22-23).

21장에서 예루살렘에 입성하신 예수님의 운명을 둘러싼 긴장이 극에 달합니다. 예수님과 유다 지도자들 간의 갈등이 파국으로 치달으며, 우리는 예수님의 죽음이 머지않았음을 직감합니다. 하지만 그분의 죽음은 결코 죽음으로 끝나지 않습니다. 예수님의 파스카 사건을 앞두고, 우리는 회개와 믿음으로 주님의 구원 사업에 함께합니다.

22장에서는 혼인 잔치의 비유(1-14절)를 전합니다. 성경에서 혼인 잔치의 표상은 종말에 실현되는 구원과 메시아의 혼인 잔치, 하느님 나라의 도래를 묘사하기 위해서 자주 사용됩니다. 하느님께서는 아드님이신 예수님을 통해 메시아의 혼인 잔치를 여시고(2절), 혼인 잔치는 하늘 나라의 기쁨으로 충만합니다.

부르심을 받은 이들은 많지만 선택된 이들은 적다(22,14).

예수님께서는 모든 이를 혼인 잔치에 부르시지만, 선택된 이들은 적습니다. 잔치에 합당한 '예복'을 갖추는 것이 중요합니다. 이를 마태오의 어휘로 이해하면 '의로움'(6,33), 곧 하느님의 뜻을 충실히 따르는 것(7,21), 예수님의 가장 큰 계명(22,34-40)인 '하느님 사랑과 이웃 사랑'을 실천하는 것입니다. 이런 사람만이 하늘 나라의 혼인 잔치에서 기쁨과 행복을 충만히 누릴 수 있습니다.

부활 논쟁(22,23-33)에서는 죽은 이들의 부활에 관한 구약성경의 내용(이사 26,19; 에제 37장 참조)과 기원전 2세기 무렵에 발전된 묵시문학 배경에서 나타나는 부활에 관한 믿음(2마카 7장; 다니 12,1-3)을 보여 주면서, 하느님이 살아 계신 분임을 전합니다.

> **나는 아브라함의 하느님, 이사악의 하느님, 야곱의 하느님이다**(22,32).

이는 하느님께서 모세에게 당신의 정체를 밝히신 말씀입니다(탈출 3,6). 예수님께서는 이 말씀을 인용하시면서, 하느님이 모든 성조와 아주 가까이 계시며 역사 안에서 생생히 살아 계시는 분임을 알려 주십니다. 이스라엘 백성은 신앙의 성조들이 장차 부활하여 주님 안에서 큰 복락을 누리리라고 믿었습니다(마태 8,11). 하느님께서는 영원하신 분이고 우리는 그분 안에서 영원한 생명을 누립니다. 그분이 우리 신앙 선조들의 하느님인 동시에 '누구누구의 하느님'이라는 것은 참으로 큰 위안이 됩니다. 다시 말해 하느님께서는 바로 '마리아 자매의 하느님'이시고, '안드레아 형제의 하느님'이시며, '나 ○○의 하느님'이십니다.

다윗의 자손이시며 주님이신 예수 그리스도의 이야기(22,41-46)를 통해 우리는 초월적이며 영원하신 예수 그리스도를 깨닫습니다. 하느님의 아드님이신 예수님께서는 예루살렘에서 십자가 죽음과 부활로 당신을 드러내십니다. 이제 우리는 그곳에서 메시아 예수님의 모습을 가장 완전하게 확인할 수 있습니다(26-28장).

율법학자와 바리사이의 위선에 대한 경고 23,1-39

**불행하여라,
너희 위선자 율법학자들과 바리사이들아!** (23,13)

어린 시절, 주일학교 어린이 복사단원이었던 저는 신부님과 수녀님이 모두 천사인 줄 알았습니다. 제의를 입고 거룩하게 미사를 봉헌하시던 신부님, 복사를 마친 제 머리를 쓰다듬으며 다정한 미소와 함께 눈깔사탕을 건네주시던 흰 수도복을 입은 수녀님은 그야말로 천사 자체였습니다. 제가 만난 신부님, 수녀님 중에는 정말 천사 같은 분이 많이 계셨습니다. 오랫동안 교회에서 성직자, 수도자는 세상과는 전혀 다른 신비롭고 절대적인 존재처럼 여겨졌습니다. 예전에는 신앙이 없는 이들도 거리에서 사제와 수도자 복장을 한 이들을 만나면, 그들을 거룩하게 생각하며 존경과 애정을 드러내곤 하였습니다. 과연 오늘날 세상 사람들은 사제와 수도자를 어떻게 바라볼까요?

23장에서 예수님께서는 율법학자들과 바리사이들의 위선을 경고하십니다. 왠지 오늘의 사제들과 수도자들에게 하시는 말씀 같아서 가슴이 뜨끔합니다. 더욱이 율법학자라면 하느님의 말씀을 철저히 지키며 가르치는 사람입니다. 하느님 말씀을 공부하고 전하는 사람으로서 자신을 돌아보게 됩니다. 23장은 모든 그리스도인을 향한 예수님의 간절한 호소처럼 느껴집니다. 모든 이가 하느님의 말씀을 듣고 전하고 실천하도록 부름 받았으니 말입니다. 예수님의 질책에는 예외가 없으니, 정신을 바짝 차리고 말씀에 귀 기울여 봅시다.

불행하여라, 너희 위선자 율법학자들과 바리사이들아!(23,13.15.23.25.27.29).

율법학자들과 바리사이들의 위선을 꾸짖는 예수님의 외침이 23장 전체에 울려 퍼집니다. "그들이 너희에게 말하는 것은 다 실행하고 지켜라. 그러나 그들의 행실은 따라하지 마라"(3절). 하느님의 말씀을 가르친다고 하면서 정작 행동으로는 실천하지 않는 종교 지도자들을 예수님께서는 위선자라고 신랄하게 비판하십니다. 이는 여러 차례 되풀이되고, 비슷한 표현들도 연달아 언급됩니다. "불행하여라, 너희 눈먼 인도자들아!"(16절), "눈먼 자들아!"(19절), "눈먼 바리사이야!"(26절), "너희 뱀들아, 독사의 자식들아!"(33절).

예수님께서 어떤 사람이나 집단을 향해 이처럼 심하게 말씀하신 적이 있을까 싶을 정도로, 본문에서 들려오는 비판의 강도는 매우 셉니다. 그들의 위선과 잘못된 행동에 대한 지적도 상당히 직설적이고 구체적입니다. 예를 들어 남에게만 무거운 짐을 올려놓고 손가락 하나 까딱하지 않는 것(4절), 남에게 보이기 위해서 겉모습을 과하게 꾸미는 것(5절), 잔치에서는 윗자리를, 회당에서는 높은 자리를 선호하는 것(6절), 장터에서 인사받기를, 사람들에게 스승이라 불리기를 좋아하는 것(7절), 성전의 금을 두고 한 맹세는 중시하면서도 성전을 두고 한 맹세는 소홀히 하는 것(16절), 십일조를 내면서 정작 의로움과 자비와 신의는 무시하는 것(23절), 내면이 탐욕과 방종, 위선과 불법으로 가득 차 있는 것(25.28절)입니다.

율법학자들과 바리사이들이 사람들 앞에서 하늘 나라의 문을 잠가 버렸다고 꾸짖는 대목(13절)은 앞서 예수님께서 베드로에게 하늘 나라의 열쇠를 수여하신 사건(16,19)을 떠올려 주는 동시에, 위선적인 유다교 지도자들과 새로운 교회 공동체 간의 분리를 암시합니다. 23장에는 반유다교적 경향이 고스란히 드러납니다(27,25 참조).

예수님을 "살아 계신 하느님의 아드님"(16,16)이라고 고백한 베드로라는 반석 위에 세워진 새 교회의 구성원들은 책임감을 지니고 모든 이가 하늘 나라로 들어갈 수 있도록 더욱 모범을 보여야 합니다. 이를 위해 선행되어야 할 것은 자신을 겸손하게 낮추는 태도입니다. "누구든지 자신을 높이는 이는 낮아지고 자신을 낮추는 이는 높아질 것이다"(23,12).

요즘 사람들은 내면보다는 외면의 아름다움에 더 많은 관심을 기울이는 경향이 있습니다. 그러나 예수님께서는 겉을 아름답게 꾸미기에 앞서 내면을 깨끗이 하라고 촉구하십니다.

먼저 잔 속을 깨끗이 하여라. 그러면 겉도 깨끗해질 것이다 (23,26).

예수님께서는 위선자 바리사이와 율법학자들의 겉은 아름답고 고상하지만, 그들의 속이 죽은 이들의 뼈와 더러운 것으로 가득한 회칠한 무덤과 같음(27절)을 꿰뚫어 보십니다. 이처럼 노골적으로 그들의 위선과 잘못된 행동을 질타하시며, 내면을 거룩하게 하는 영혼의 정화와 성찰을 강조하십니다. 그런 다음 당신이 보내실 예언자들과 현인들과 율법학자들을 그들이 박해할 것이고 그로 인해 멸망하리라고 예고하시면서(34-36절), 예루살렘을 두고 한탄하십니다(37-39절).

예수님께서는 당시 종교 지도자들과 기득권자들의 위선을 주저하지 않고 폭로하심으로써 모든 이에게 경종을 울리십니다. 그리스도인들이 성찰하고 회개하여 하느님의 뜻에 합당하게 살아야 한다는 것입니다. 이러한 점에서 예수님은 그야말로 물불을 가리지 않고 모든 이를 향해 하늘 나라의 참된 복음적 가치를 전하며 실천을 촉구하신 '거리의 예언자'였다는 생각이 듭니다. 우리도 세상과 교회의 부정에 침묵하지 않고 잘못된 점은 바로잡으며 모두가 진정으로 회개할 수 있도록 용기 있게 하느님의 뜻을 전해야 하겠습니다. 이는 '세상의 빛과 소금'(5,13-16)이 되는 소명에 응답하는 방법이기도 합니다. 모든 그리스도인이 세상 안에서 말과 행동이 일치하여 그리스도의 가르침에 따라 진실하게 살아갈 때, 하늘 나라는 더욱 확장되어 갈 것입니다.

종말 설교 24,1-25,46

가장 작은 이들 가운데
한 사람에게 해 준 것이
바로 나에게 해 준 것이다 (25,40)

1992년, 언론에서 연일 보도되던 '휴거'(하늘로 들어 올려짐) 사건이 실제로 일어날지 많은 이가 궁금해했습니다. 시한부 종말론을 바탕으로 한 사이비 종교 단체에서 주장하던 것이었습니다. 예고된 날에는 아무 일도 일어나지 않았습니다. 오늘날에도 성경을 곡해하여 그릇된 종말론으로 사람들을 현혹하고 세상을 어지럽히는 이들이 있습니다. 하지만 그리스도교에서 전하는 종말은 '희망'이며 '기쁨'이고 '기다림'입니다. 언젠가 맞이할 종말을 잘 준비하는 길은 예수님의 가르침을 실천하며 현세의 삶에 충실한 것입니다. 그런 이에게는 종말이 두렵지 않을 것입니다.

종말 설교(24-25장)는 산상 설교(5-7장), 파견 설교(10장), 하늘 나라 비유 설교(13장), 교회 공동체 설교(18장)와 더불어 마태오복음서의 다섯 설교에 해당합니다. 이 설교는 사람의 아들이신 예수님에 의해 계시되는 하느님 나라의 결정적 도래에 관한 말씀입니다. 마태 24장은 기원전 3세기부터 기원후 2세기에 성행했던 유다 묵시문학 배경에서 발전된 그리스도론을 전개하는 마르 13장의 구조를 따릅니다. 여기에는 예루살렘 성전 파괴 예고(1-2절), 세상 종말의 전조들(3-28절), 사람의 아들의 영광스러운 재림(29-31절) 그리고 깨어 있음(32-44절)에 대한 내용이 보도됩니다.

예수님께서는 종말을 두고 그날과 그 시간은 아무도 모르고 오직 아버지만 아신다고 하십니다(36절). 그리고 사람의 아들이 생각지도 않은 때에 갑자기 찾아올 것이니 늘 깨어 있으라고 제자들에게 당부하십니다.

> 그러니 깨어 있어라. 너희의 주인이 어느 날에 올지 너희가 모르기 때문이다(24,42).

'재림'을 의미하는 파루시아παρουσία는 복음서 중에서 오직 마태오복음서에서만 사용됩니다(24,3.27.37.39). 따라서 예수님의 재림에 대한 기대와 준비는 마태오 종말론의 특징이라고 할 수 있습니다. 세상에서 가장 확실한 것은 모두 죽는다는 사실입니다. 가장 불확실한 것은 언제 죽을지는 아무도 모른다는 사실입니다. 누구에게나 마지막 순간은 찾아옵니다. 예수님의 재림이든, 각자가 세상을 하직하여 마침내 주님을 직접 만나게 되는 날이든, 그날은 올 것입니다. 그러니 깨어 준비하고 있어야 합니다. 따라서 '깨어 있음'은 그리스도인들의 종말론적 삶을 나타냅니다.

충실한 종과 불충실한 종의 비유(24,45-51), 열 처녀의 비유(25,1-13), 탈렌트의 비유(25,14-30)에서는 종말을 대비하는 충실한 삶을 강조합니다. 종말 설교를 끝으로 다섯 설교 전체를 마무리하는 최후의 심판(25,31-46)은 오늘날 우리가 주님을 맞이할 준비를 하면서, 구체적으로 현세에서 어떻게 살아가야 하는지를 더욱 분명히 밝혀 줍니다.

이십여 년 전, 저는 다소 특이한 곳에서 군 복무를 했습니다. '경비교도대'라는 보직을 받아 교정 시설에서 임무를 수행했습니다. 그 기간을 군 복무였다고 해야 할지, 아니면 복역(?)이라고 해야 할지 모르겠습니다. 아무튼 이 년여간을 교도소에서 살다 왔습니다. 당시 근무한 전주 교도소에는 약 이천 명이 넘는 수감자가 죗값을 치르며 지내고 있었습니다.

어느 날, 살인죄로 십여 년을 복역하던 장기수가 탈주하는 사건이 발생했습니다. 그는 모범수로서 외부에서 열린 기능 대회에 참가했다가 예상보다 성적이 좋지 않자, 충동적으로 도망친 것이었습니다. 이는 긴급 속보로 지역 뉴스에 대대적으로 보도되었고, 그를 붙잡기 위해 경찰과 교도관 수천 명이 밤새 수색 작업을 펼쳤습니다. 마침내 다음 날 아침, 인근 주택 보일러실에 숨어 있던 그를 검거하였습니다.

알고 보니 그는 '프란치스코 하비에르'라는 세례명을 가진 교우였습니다. 당시 교정 사목을 담당하시던 안나 수녀님은 이 일을 매우 안타까워하셨습니다. 그는 기능 대회에서 좋은 성적을 거두어 가석방되기를 바라며 성실히 생활했고, 심성도 착하고 신앙생활도 열심히 했다는 것이었습니다. 그러면서 혹시 그를 만나면 당신이 기도하고 있다고 꼭 전해 달라고 부탁하셨습니다. 그는 장기수였고 더군다나 탈주라는 또 다른 죄를 저질렀으며 간절히 붙잡고 있던 가석방이라는 희망마저 사라졌기에, 혹여 극단적 선택을 할 가능성도 있었기 때문입니다.

그날 오전, 보안과 앞에서 우연히 그를 만났습니다. 결박당한 채 고개를 푹 숙이고 두 명의 교도관에게 힘없이 끌려 나오고 있었습니다. 저는 용기 있게 다가가 말을 건넸습니다. "안나 수녀님께서 형제님을 위해서 기도하고 있다는 말씀을 꼭 전해 달라고 하셨습니다. 그리고 저는 신학생인데 저도 형제님을 위해서 기도하고 있습니다." 고개를 떨구고 있던 그가 눈을 들어 저를 바라보았고, 순간 그의 눈에 희망의 빛이 서렸습니다. 가슴이 몹시도 두근거렸지만, 마음 한편에는 전율이 일었습니다. '내 말 한마디가, 내 작은 기도가 생이 꺼져 가는 누군가에게는 희망의 불씨가 될 수도 있겠구나….'

죄는 미워하되 사람은 미워하지 말아야 합니다. 하느님께서는 모든 이를 차별 없이 사랑하시고, 예수님께서는 가장 작고 가난한 형제들 속에 계심을 우리는 알고 있습니다. 마태오에게 있어서 종말과 최후의 심판은 우리 가운데 현존하시는 사람의 아들을 만나는 일상에서부터 매 순간 이루어지는 것입니다.

하루하루는 거저 주어진 선물입니다. 우리는 어제보다 오늘 각자의 마지막 날에 한 걸음 더 가까워졌습니다. 날마다 그날을 향해 걸어가고 있는 것입니다. 마지막 순간에 주님 앞에 과연 무엇을 가져갈 수 있을까요? 깨어서 무엇을 준비해야 할까요? 현세의 삶은 무엇으로 평가될까요? 답은 복음에 있습니다. "너희가 내 형제들인 이 가장 작은 이들 가운데 한 사람에게 해 준 것이 바로 나에게 해 준 것이다"(25,40). 지금 여기 삶의 자리에서 굶주리고 목마르고 나그네 되고 헐벗고 병들고 감옥에 갇힌 이들 속에 계시는 예수님을 돌보는 애덕의 실천만이, 세상 창조 때부터 준비된 나라(34절), 곧 의인들이 영원한 생명을 누리는 곳(46절)으로 우리를 인도해 줄 것입니다.

수난 26,1-75

아버지, 이 잔이 비켜 갈 수
없는 것이라서 제가 마셔야 한다면,
아버지의 뜻이 이루어지게 하십시오 (26,42)

주일학교에 다니던 어린이 시절, 사순 시기에 가톨릭성가 115번을 부르면 왠지 모르게 슬퍼지곤 했습니다. "수난 기약 다다르니 주 예수 산에 가시어 근심 중에 피땀 흘려 성부께 기도하시네." 가사와 멜로디가 구슬퍼서 그랬을까요? 어쩌면 예수님이 우리 죄를 대신해서 수난을 받고 돌아가셨다는 사실이 어린 마음에도 죄송하고 괴로웠나 봅니다. 그래서 우리를 극진히 사랑하신 예수님께 '나는 어떻게 보답할 수 있을까?'를 자주 묻곤 했습니다.

어느덧 세월이 흘러 사제가 된 저는 신학교에서 생활하고 있습니다. 갓 스무 살이 된 어린 청년이 사제가 되어 가는 과정을 지켜보는 일은 보람됩니다. 처음에는 약하게만 보이던 친구들이 점차 성숙하여 마침내 사제의 길을 걷는 과정은 말로 다할 수 없는 감동과 기쁨을 안겨 줍니다. 사람은 쉽게 변하지 않습니다. 첫

마음이 아무리 뜨거워도 한결같이 예수님과 머물고 그분을 따르는 길은 지난한 수련의 과정입니다. 하지만 끊임없이 주님께 의탁하고 애쓰다 보면, 하느님께서 그를 사제로 만들어 주십니다. 이제 저와 더불어 복음을 전하는 동료가 된 새 사제들을 보며, 그들과 제가 예수님 보시기에 흐뭇한 사제로 살아가는 것이야말로 그분 사랑에 보답하는 길임을 되새깁니다. 삶의 마지막 순간까지 예수님을 닮은 사제로 살아갈 수 있기를 간절히 기도하며, 주님 수난의 길을 함께 걸어갑니다.

'하느님께서 우리와 함께 계시다'는 임마누엘 예언(이사 7,14)은 우리와 함께하고자 친히 인간이 되신 하느님, 예수 그리스도에게서 성취됩니다(마태 1,23). 그분은 말씀과 행적으로 하느님 나라의 도래를 선포하시고(4,17) 그 나라의 신비를 생생히 드러내십니다(4,18-25,46). 그리고 마침내 하느님 구원 계획의 절정인 파스카 사건을 통해서(26-28장) 하느님 나라의 완성을 보여 주십니다.

앞서 종말 설교(24-25장)에서 사람의 아들이신 예수님께서는 하느님의 뜻을 실천하는 것이 최후의 심판의 기준임을 알려 주시며 사랑과 섬김의 삶으로 제자들을 초대하셨습니다. 그분은 이제 스스로 "가장 작은 이들 가운데 한 사람"(25,40.45)이 되어 하느님 아버지의 뜻을 이루고자, 모든 이의 구원을 위하여 십자가의 고통과 죽음을 기꺼이 받아들이십니다.

사람의 아들은 사람들에게 넘겨져 십자가에 못 박힐 것이다 (26,2).

26-27장은 예수님의 수난과 죽음을 전합니다. 이는 세 번에 걸친 수난 예고(16,21-23; 17,22-23; 20,17-19)뿐만 아니라 탄생 이야기(1-2장)에서도 이미 예고되었습니다. 동방 박사들이 아기 예수님에게 바친 몰약(2,11)은 그리스도의 수난과 죽음을 상징하며, '아기를 찾아 없애려던 헤로데'(13절)와 "아기의 목숨을 노리던 자들"(20절)과 같은 표현들은 예수님의 죽음을 암시합니다.

이는 죄를 용서해 주려고 많은 사람을 위하여 흘리는 내 계약의 피다(26,28).

특히 "그분(예수님)께서 당신 백성을 죄에서 구원하실 것이다"(1,21)라는 천사의 예언은 성찬례를 제정하시는 예수님의 말씀에서 완전히 성취됩니다(26,26-30). 예수님께서 모든 이의 죄를 용서해 주시려고 십자가 위에서 당신의 몸을 기꺼이 내어 주시고 피를 쏟으시기 때문입니다. 이를 통해 예언자들이 예고한 '새 계약'(예레 31,31-34)을 완수하십니다. 마태오 복음사가는 죄로부터의 구원, 죄의 용서를 위한 예수님의 '대속'을 강조합니다.

우리는 예수님께서 자신을 구원의 희생 제물로 바치시는 이 중요한 사건에서 베드로와 유다를 비롯한 제자들의 배신을 목격합니다(베드로의 배신: 26,31-35.69-75; 유다의 배신: 26,14-16.20-25.47-55; 제자들의 배신: 26,56). 제자들은 예수님을 아주 가까이에서 보았고, 그분께 숱한 가르침과 위로를 받았으며, 그분의 놀라운 기적을 체험하며 그야말로 그분과 동고동락했습니다. 그런데 예수님께서 인류 구원을 위한 가장 결정적인 순간을 맞이하셨을 때, 그들은 모두 예수님을 두고 도망쳐 버립니다(26,56).

이 같은 상황을 내다보신 예수님께서는 제자들과 함께 겟세마니로 가십니다. 그리고 극심한 고통과 번민, 외로움 속에서 하느님 아버지께 간절히 기도하십니다(26,36-46).

> 아버지, 하실 수만 있으시면 이 잔이 저를 비켜 가게 해 주십시오. 그러나 제가 원하는 대로 하지 마시고 아버지께서 원하시는 대로 하십시오(26,39).

> 아버지, 이 잔이 비켜 갈 수 없는 것이라서 제가 마셔야 한다면, 아버지의 뜻이 이루어지게 하십시오(26,42).

예수님께서는 아버지께 모든 것을 맡기십니다. 죄인들의 손에 자신을 넘기시어 죽음에 이르기까지 아버지의 뜻에 순명하십니다. 그리고 이 순간 제자들이 당신과 함께하기를 원하십니다.

너희는 여기에 남아서 나와 함께 깨어 있어라(26,38).

이렇게 너희는 나와 함께 한 시간도 깨어 있을 수 없더란 말이냐?(26,40).

우리와 함께하고자 인간이 되신 하느님께서(1,23) 이제는 우리가 당신과 함께 머물러 주기를 절실히 바라십니다. 하느님께서 예수님을 통해 우리와 함께하신 것은 우리를 극진히 사랑하시기 때문입니다. 십자가 수난과 죽음을 앞둔 그분은 우리도 그렇게 당신을 사랑해 주기를 원하십니다.

예수님의 수난 이야기는 주님의 제자인 우리가 하느님의 인류 구원 사업에 동참하도록 촉구합니다. 그 방법은 예수님과 함께 머물며 주님의 사랑에 보답하는 것입니다. 오늘은 집에서 혹은 성당에서 십자고상을 바라보며 주님과 함께 머물러 보면 어떨까요? 그렇게 예수님과 함께 예수님의 마음과 일치하여 하느님 아버지의 거룩한 뜻이 온 세상에, 우리 나라에, 교회에, 가정에 이루어지기를 간절히 기도해 봅시다. 예수님께서는 언제나 우리를 기다리고 계십니다.

죽음 27,1-56

참으로 이분은
하느님의 아드님이셨다(27,54)

　영성의 해는 사제직을 준비하는 신학생들이 속세를 떠나 오직 하느님 안에 깊이 머물며 영적 성숙을 도모하고 사제 성소를 다지는 특별한 기간입니다. 신학생 때, 저는 경상북도 칠곡의 팔공산 깊은 산중에 있는 한티 순교성지에서 영성의 해를 보냈습니다. 한티는 무명 순교자들이 박해를 피하여 살다가 돌아가시고 묻히신 거룩한 곳입니다.

　어느 날, '광야 체험'이라는 프로그램이 있었습니다. 김밥 한 줄과 물 한 통만 지닌 채 혼자서 하루 종일 한티 산골을 걷는 것이었습니다. 그런데 그만 산속에서 길을 잃어버렸습니다. 당황한 저는 걱정과 두려움에 휩싸여 저물녘까지 한참을 헤맸습니다. 어느 순간 저 멀리서 한티 순교성지의 하얀색 대형 십자가가 보였습니다. 그때 느낀 안도감은 말로 다 설명할 수 없습니다. 주님께 감사기도를 드린 다음, 십자가를 향해 걸으며 무사히 돌아갈 수 있었습니다.

　인생에서 방향을 잃었을 때, 어디로 가야 할지 도무지 알 수 없을 때, 십자가는 우리에게 길을 알려 줍니다. 우리가 바라보고 희망하고 찾아가야 하는 곳은 바로 예수님의 십자가입니다. 예수님께서 십자가로 우리에게 생명과 구원을 주셨기 때문입니다.

예수 그리스도의 수난과 죽음 그리고 부활은 그리스도교 신앙의 핵심입니다. 그분의 죽음은 단지 한 의인의 무죄한 죽음만이 아니라, 인류 구원을 위한 대속의 죽음입니다. 수난의 절정인 27장은 예수님께서 빌라도 총독에게 넘겨져 사형선고를 받은 다음 십자가를 지고 골고타('해골 터')에 올라 십자가에 못 박혀 돌아가시는 이야기를 전합니다. 당신 백성을 죄에서 구원하는 예수님의 임무가 이제 십자가 죽음으로 완수됩니다.

　지금도 예루살렘에는 이천여 년 전 예수님께서 인류 구원을 위해서 걸으신 '십자가의 길'(라틴어로 비아 돌로로사 Via Dolorosa, '고통의 길', '슬픔의 길' 혹은 비아 크루치스 Via Crucis)이 보존되어 있습니다. 그 길을 따라가다 보면, 예수님께서 무거운 십자가를 지고 번잡한 시장통을 지나가셨음을 떠올릴 수 있습니다. 그야말로 우리 삶의 한가운데를 통과하여 그 길을 걸어가신 것입니다.

예수님께서는 최고 의회에서 카야파 대사제에게 신문을 받으며 '당신이 하느님의 아들 메시아인지 밝히라'(26,63)는 요구를 받습니다. 그분의 응답은 십자가상 죽음으로 완전히 드러납니다. 27장 전반부에서 예수님은 빌라도와 수석 사제들, 군중, 군사들과 같은 다양한 등장인물의 입을 통해서 "유다인들의 임금"(11.29.37.42절), "메시아라고 하는 예수"(17.22절) 등으로 불립니다. 십자가에 못 박히신 다음에는 "하느님의 아들"(40.43.54절)로서 그분의 정체가 두드러집니다.

네가 하느님의 아들이라면 십자가에서 내려와 보아라(27,40).

지나가던 이들조차 십자가에 못 박히신 예수님을 모독합니다. 여기서 사용된 "네가 하느님의 아들이라면"이라는 문구는 광야에서 악마가 예수님을 유혹할 때 쓴 표현과 동일합니다(4,3.6). 이처럼 예수님께서는 십자가 위에서도 마지막 유혹을 받으셨지만, 끝까지 아버지의 뜻을 따르십니다. 처절한 죽음에 직면하여 예수님은 아버지께 큰 소리로 부르짖으십니다.

엘리 엘리 레마 사박타니? … 저의 하느님, 저의 하느님, 어찌하여 저를 버리셨습니까?(27,46).

예수님의 비통한 부르짖음은 구약성경의 시편(22,2)에서 온 것입니다. 시편 22편은 의인이 극심한 고통과 역경 속에서도 하느님께 흔들림 없는 신뢰를 고백하며, 하느님의 구원과 그분의 이름을 찬양하는 노래입니다. 따라서 이 마지막 외침은 피맺힌 절규가 아니라, 하느님 아버지께 믿음과 희망을 간구하는 기도라고 할 수 있습니다.

예수님께서 숨을 거두시자, 성전 휘장이 위에서 아래까지 찢어지고 지진이 일어나 바위가 부서지고 무덤이 열려 죽은 이들의 몸이 되살아났으며, 예수님께서 부활하신 다음 그들이 거룩한 도성에 들어가 많은 이들에게 나타났다고 전합니다(51-53절). 이러한 묵시문학적 표현을 통해 복음사가는 예수님의 죽음이 종말과 심판과 구원의 결정적 사건임을 보여 줍니다. 성소와 하느님 현존의 거처인 지성소를 가르는 휘장(탈출 26,31-35)이 찢어진 것은, 예수님의 속죄하는 죽음으로 옛 계약이 완성되고 거룩하신 하느님께 가는 영원한 생명의 문이 열렸음을 상징합니다. 그로부터 하느님과 사람 사이를 가로막았던 장애물은 완전히 허물어졌습니다. 예수님으로 말미암아 이제 모든 이가 하느님과 새로운 관계를 맺을 수 있게 되었습니다.

참으로 이분은 하느님의 아드님이셨다(27,54).

예수님의 죽음을 목격한 이방인 백인대장의 고백으로 예수님의 신원이 온 천하에 선포됩니다. 세례와 거룩한 변모 때에 하늘에서 들려온 "이는 내가 사랑하는 아들, 내 마음에 드는 아들"(3,17; 17,5)이라는 하느님의 말씀이 확증됩니다. 예수님께서 물 위를 걸어오시어 풍랑에 시달리는 제자들을 구하셨을 때 그들은 "스승님은 참으로 하느님의 아드님"(14,33)이라고 고백했습니다. 그분이 십자가에서 우리를 위해 기꺼이 목숨을 바치신 예수님임을 여러분은 참으로 믿습니까? 예수 그리스도는 우리의 희망이고 구원이며 생명입니다. 주님께서는 오늘도 십자가 위에서 두 팔을 활짝 펼치고 우리를 맞이하십니다. "고생하며 무거운 짐을 진 너희는 모두 나에게 오너라. 내가 너희에게 안식을 주겠다"(11,28).

하느님의 아드님이신 예수님께서는 아버지를 끝까지 신뢰하시고, 아버지의 뜻을 이루고자 십자가 죽음에 이르기까지 순종하셨습니다(필리 2,8). 이렇게 몸소 희생 제물이 되시어 죄의 용서를 완전히 이루신 다음, 죽음을 이기고 부활하시어 모든 이에게 구원의 문을 열어 주셨습니다. 세례로 하느님의 자녀가 된 우리는 주님의 한없는 사랑에 깊이 감사드리며, 예수님을 따라 죽음으로 생명을 얻는 이 구원의 신비에 동참해야 하겠습니다(로마 6,4 참조). 그것은 하느님과 이웃을 향해 두 팔을 벌려 사랑을 실천하는 '십자가의 삶'입니다.

묻히심 27,57-66

아리마태아 출신의 부유한 사람으로서
요셉이라는 이가 왔는데,
그도 예수님의 제자였다(27,57)

예수님께서 돌아가셨습니다. 우리를 참으로 사랑하시어 인간이 되신 구세주께서 인류의 죄를 대신하여 십자가 고통과 죽음을 모두 겪으셨습니다. 모든 것이 끝나 버리고 시간은 멈춘 듯합니다. 싸늘하게 굳어 가는 예수님의 시신이 매달린 십자가 주위에는 어떠한 절규나 흐느낌조차 들리지 않고 오직 무거운 침묵만이 감싸고 있습니다. 죽음과 부활 사이의 시간입니다. 십자가 아래는 어머니 마리아와 여인들을 비롯하여 끝까지 예수님과 함께 머물렀던 이들이 있었습니다(27,55-56; 요한 19,25-27). 예수님께서 끝까지 사랑하셨듯이(요한 13,1), 그들도 예수님을 끝까지 사랑했습니다. 이제 예수님의 시신은 무덤에 묻히고(마태 27,57-61) 경비대가 무덤을 지킬 것입니다(62-66절).

저녁때가 되자 아리마태아 출신 요셉이 예수님의 시신을 거두게 해 달라고 빌라도에게 청합니다. 그는 부유한 사람이면서도 예수님의 제자였다고 전해지는 인물입니다(27,57). 이는 앞서 예수님을 따르려면 재물을 포기하고 가난한 이들에게 나누어 주라는 19장의 내용과 모순되는 듯하지만, 예수님의 제자 중에는 부유한 이들도 있었음을 시사합니다. 마태오 공동체는 민족적·사회적·경제적으로 매우 다양한 배경을 지닌 제자들이 모여 지내던 그야말로 보편 교회였습니다. 예수님께서는 모든 이를 당신의 제자로 부르시기 때문입니다(28,19).

이 단락의 병행 구절을 살펴보면, 아리마태아 요셉은 "명망 있는 의회 의원으로서 하느님의 나라를 열심히 기다리던 사람"(마르 15,43; 루카 23,51 참조)이었고, 예수님에게서 하늘 나라의 보물을 발견한(마태 13,44) 제자였습니다. 그는 지금 십자가 아래 예수님의 발치에 있습니다. 그리고 하늘 나라가 예수님의 수난과 십자가 죽음으로 완전히 성취됨을 눈으로 확인합니다. 아무튼 요셉은 부자, 의회 의원이라는 배경 덕분에 빌라도에게 예수님의 시신을 내 달라고 청할 수 있었습니다. 그는 "자기의 새 무덤에"(27,60) 예수님을 모십니다. 흥미롭게도, 예수님을 요셉의 새 무덤에 모셨다는 이야기는 마태오복음서에만 나옵니다. 이는 고통받는 주님의 종이 맞을 운명을 예고하는 "그는 죽어서 부자들과 함께 묻혔다"(이사 53,9)라는 말씀의 성취로 이해할 수 있습니다.

예수님께서는 십자가 죽음과 묻힘으로 구약, 곧 옛 약속을 완성하신 것입니다.

27,62-66에는 무덤을 지키는 경비병들의 이야기가 보도됩니다. 이는 유다 지도자들이 경비병들을 매수하여 예수님의 시신을 제자들이 훔쳐 갔다고 소문을 내게 한다는 28,11-15 이야기와 더불어 마태오복음서에서만 발견됩니다. 이 이야기들은 예수님의 부활과 관련하여 당시 유다인과 그리스도인 사이에서 벌어진 논쟁을 반영합니다. 이를 통해 복음사가는 제자들이 예수님의 시신을 훔치고는 그분이 부활하셨다고 주장할지도 모른다고 의심하는 수석 사제들과 바리사이들의 생각을 드러냅니다.

"나는 사흘 만에 되살아 날 것이다"(27,63), "셋째 날까지 무덤을 지키도록 명령하십시오"(64ㄱ절), "그분은 죽은 이들 가운데에서 되살아나셨다"(64ㄴ절) 등의 표현들을 통해, 우리는 사흘 뒤에 예수님께서 부활하실 것을 예상할 수 있습니다. 수석 사제들과 바리사이들은 무덤 입구를 막은 돌을 봉인하고, 경비병들에게 무덤을 지키게 합니다(66절). 예수님의 시신을 모신 무덤은 완전히 닫혔습니다.

이 모든 사건은 예루살렘에서 이루어졌습니다. 따라서 예루살렘은 예수님의 흔적을 확인해 보고 싶어 하는 신자들에게 일생에

한 번쯤 꼭 방문하고 싶은 거룩한 땅임이 분명합니다. 하지만 우리는 가까이에 있는 성당에서 봉헌되는 미사를 통해서도 이 사건을 기억하고 재현하며 주님을 다시 만날 수 있습니다. 미사를 봉헌하는 제대는 최후의 만찬이 거행되는 식탁이면서, 예수님의 십자가 희생 제사가 바쳐지는 골고타 언덕이기도 하고, 예수님의 시신이 모셔진 무덤이기도 합니다. 바로 거기에서 주님의 부활이 이루어지고 새로운 생명이 피어납니다.

제자의 자리는 예수님의 십자가 죽음과 무덤에 있습니다. 거기에서 제자의 길은 새롭게 출발합니다. 그런 의미에서 요셉이 예수님의 시신을 "자기의 새 무덤"(60절)에 모셨다는 구절은 의미심장합니다. 우리는 예수님처럼 죽음으로써 부활하기 때문입니다. 그리고 그분은 당신의 성전인 '나'라는 존재 안에서 부활하십니다. 말씀과 성체로 내 안에 깊이 스며드시고 생명과 구원을 베푸십니다. 예수님께서는 참으로 우리를 사랑하시어 돌아가셨습니다. 이제 우리는 무엇을 해야 할까요? 자주 성전에 가서 십자가와 성체를 바라보며 우리를 위해 돌아가시고 무덤에 묻히신 예수님 곁에 머무르면 좋겠습니다. 예수님의 죽음과 부활을 기억하며 주님께 우리의 사랑을 속삭이는 것입니다. 이 시간은 위대한 침묵 가운데 주님과 온전히 하나 되는 '거룩한 시간'입니다.

부활 28,1-15

말씀하신 대로
그분께서는 되살아나셨다 (28,6)

예수님께서 우리 죄 때문에 돌아가시고 되살아나셨다는 사실은 초대 교회 신앙 고백의 중심이며, 그리스도교 신앙의 핵심입니다(1코린 15,3-8 참조). 예수님의 부활은 인류 구원을 위한 하느님 약속이 실현된 역사적이며 초월적인 사건입니다. 우리는 예수님의 부활을 통해 그분의 말씀과 행적이 하느님의 권위를 지닌 진리임을 알고, 예수님이 바로 죽음을 초월하신 하느님, 죽음을 이기신 메시아임을 완전히 깨닫게 됩니다. 결국 예수님의 부활은 그분을 믿는 이들의 부활을 보증하는 원천이라 할 수 있습니다.

안식일이 지나고 주간 첫날이 밝아 올 무렵, 마리아 막달레나와 다른 마리아가 예수님의 무덤으로 갑니다(마태 28,1). 급하게 장례를 치르느라 다하지 못한 예를 갖추기 위해 향료를 발라 드리러

간 것으로 보입니다(마르 16,1; 루카 24,1). 예수님 생전에 그분을 따랐던 여인들은 수난 앞에서 스승을 버리고 달아난 제자들과 달리, 십자가 아래에서 예수님의 죽음을 목격했고(마태 27,55-56) 무덤 맞은쪽에 앉아 그분이 새 무덤에 모셔지는 것도 지켜보았습니다(61절). 그들은 결국 예수님 부활의 첫 증인이 됩니다.

여인들이 무덤에 당도했을 때 갑자기 지진(세이스모스σεισμός)이 일어납니다(28,2). 예수님께서 돌아가신 순간에도 지진이 발생했습니다(27,54). 이는 예수님의 죽음과 부활이 서로 긴밀하게 연결되어 있음을 보여 줍니다. 성경에서 큰 지진은 계시를 가져오는 하느님의 특별한 개입을 나타냅니다(즈카 14,4-5; 묵시 6,12). 예수님의 탄생 이야기(마태 1-2장)와 마찬가지로 부활 이야기(28장)에 등장하는 주님의 천사는 하느님의 대리자로서 하느님의 현존을 드러냅니다. 천사는 예수님을 통한 하느님의 구원 역사에 동반하면서 부활 사건이 실제로 일어났음을 전합니다.

천사가 무덤을 막고 있던 돌을 굴리고 그 위에 앉아 있는 모습(28,2)은 예수님께서 죽음을 이기고 승리하셨음을 깨닫도록 독자를 초대합니다. 천사의 모습이 번개 같고 옷은 눈처럼 희었다는 묘사(3절)는 예수님의 영광스러운 변모 사건(17,2)을 상기시킵니다. 무덤을 경비하던 이들은 천사를 보고 겁에 질려 까무러칩니다(28,4). 그때 여인들은 천사에게서 놀라운 소식을 듣습니다.

> 두려워하지 마라. 너희가 십자가에 못 박히신 예수님을 찾는 줄을 나는 안다. 그분께서는 여기에 계시지 않는다. 말씀하신 대로 그분께서는 되살아나셨다. 와서 그분께서 누워 계셨던 곳을 보아라(28,5-6).

'두려워하지 마라'라는 표현은 묵시문학의 다양한 본문에서 자주 발견됩니다(다니 10,12.19; 묵시 1,17). 마태오복음서의 부활 이야기(28,1-10)에서도 두 번이나 나옵니다. 한 번은 천사에 의해(5절), 다른 한 번은 부활하신 예수님의 입을 통해(10절) 직접 선포됩니다. 따라서 이 표현은 초월적이며 신적인 존재에 의해 사용되는 하느님 현현의 근본 요소임이 분명합니다. 이 말은 여인들을 위로하고 용기를 주어 새로운 임무를 수행하도록 이끌어 줍니다. 흥미로운 점은 무덤을 경비하던 이들의 두려움(4절)과 천사가 여인들에게 건넨 두려워하지 말라는 말(5절)이 대조된다는 것입니다. 마태오복음서에서 이 표현은 항상 '하느님의 협력자'를 향합니다. 천사는 이어서 마리아 막달레나와 다른 마리아에게 예수님의 부활 소식을 전하며 그분께서 누워 계셨던 곳을 보라(6절)고 제안합니다.

여기서 예수님의 탄생 이야기(1,13-25)와 부활 이야기(28,1-10)의 유사점을 발견할 수 있습니다. 탄생 이야기에서 천사가 두려워하지 말라는 말에 이어 예수님의 잉태 소식과 그분에 관한 계시(구원자이며 임마누엘)를 주었듯이(1,20-23), 부활 이야기에서도 그 말을 한 다음 예수님의 부활을 알립니다(28,5-6). 탄생 이야기에서 두려워하지 말라는 말과 함께 구약의 임마누엘 예언(1,22-23)이 성취되었다면, 부활 이야기에서도 이 말과 더불어 부활에 관한 예수님의 말씀이 성취됩니다(28,6).

> 서둘러 그분의 제자들에게 가서 이렇게 일러라. '그분께서는 죽은 이들 가운데에서 되살아나셨습니다. 이제 여러분보다 먼저 갈릴래아로 가실 터이니, 여러분은 그분을 거기에서 뵙게 될 것입니다.' 이것이 내가 너희에게 알리는 말이다(28,7).

탄생 이야기에는 마리아를 아내로 맞아들이라는 천사의 명령과 예수-임마누엘에 대한 하느님의 약속이 있었습니다(1,20-23). 마찬가지로 부활 이야기에서는 제자들에게 예수님의 부활 소식을 전하라는 천사의 명령과 부활하신 예수님을 갈릴래아에서 뵙게 될 것이라는 하느님의 약속이 전해집니다(28,7). 이처럼 마태오복음서에서 예수님의 탄생 이야기와 부활 이야기는 서로 매우 밀접하게 연결되어 있음을 확인할 수 있습니다.

천사의 명령에 따라 여인들은 서둘러 제자들에게 예수님의 부활과 발현 소식을 전하러 가는데, 그녀들이 느낀 감정은 두려움과 큰 기쁨이었습니다("두려워하면서도 크게 기뻐하며": 28,8). 그런데 갑자기 부활하신 예수님께서 그들에게 마주 오시며 "평안하냐?"(카이레테χαίρετε: 9절)라고 인사를 건네십니다. 이 말씀은 '안녕?'을 뜻하는 인사말이지만, '기뻐하다'(카이로χαίρω)는 의미도 담고 있습니다. 이는 8절에서 여인들이 느낀 큰 기쁨의 원천이 바로 예수님께 있음을 드러냅니다. 기쁨(카라χαρά)은 그리스도인의 표지입니다. 죽음으로부터 되살아나신 예수님께서는 당신을 끝까지 믿고 따르는 이들에게 큰 기쁨을 주십니다("그들은 너무 기쁜 나머지": 루카 24,41; "제자들은 주님을 뵙고 기뻐하였다": 요한 20,20). 기쁨은 부활하신 주님께서 늘 우리와 함께 계신다는 사실을 분명히 드러냅니다. 따라서 그리스도인들은 언제나 기뻐해야 합니다(필리 4,4).

> 두려워하지 마라. 가서 내 형제들에게 갈릴래아로 가라고 전하여라. 그들은 거기에서 나를 보게 될 것이다(28,10).

부활하신 예수님께서 직접 선포하시는 두려워하지 말라는 말씀에서 우리는 다시금 '하느님의 현현'을 떠올립니다. 구약성경에서 하느님께서는 자주 당신 백성 이스라엘에 두려워하지 말라고 말씀하셨고(창세 26,24; 이사 41,10) 마태오복음서에서 예수님께서도 이 말씀과 함께 하느님의 현존으로서 당신의 정체를 드러내 보이셨습니다(1,20; 14,27; 17,7). 앞서 예수님의 부활 소식과 여인들의 사명을 전한 천사의 메시지(28,5-7)는 부활하신 예수님의 입으로 반복되며 직접 확인됩니다(10절).

부활 이야기에서 되풀이되는 "두려워하지 마라"(5.10절)라는 말씀은 예수 그리스도의 부활 메시지를 분명히 담고 있습니다. 부활하신 예수님의 현존은 모든 이의 두려움을 없애 주십니다. 하느님 아버지와 인간에 대한 극진한 사랑이 죽음을 물리치고 두려움을 이겼습니다. "사랑에는 두려움이 없습니다. 완전한 사랑은 두려움을 쫓아냅니다"(1요한 4,18).

이제 우리는 주님의 말씀대로 삶의 터전인 갈릴래아로 갑니다. 거기에서 그분을 다시 뵙기를 희망하며 그분의 말씀을 기다립니다. 온갖 두려움을 큰 기쁨으로 바꾸어 주시는 부활하신 예수님께서 지금 우리를 만나러 오십니다.

다시 갈릴래아에서
28,16-20

**너희는 가서 모든 민족들을
제자로 삼아**(28,19)

이제 우리는 복음서의 대단원에 이르렀습니다. 28,16-20은 복음서 전체를 이해하기 위한 '열쇠'로 마태오의 신학적 종합이자, 복음서의 절정으로 여겨집니다. 이 단락은 복음서의 맨 끝에 자리하지만, 새로운 시작을 여는 '복음서의 출발점'이라고도 할 수 있습니다.

> 열한 제자는 갈릴래아로 떠나 예수님께서 분부하신 산으로 갔다. 그들은 예수님을 뵙고 엎드려 경배하였다. 그러나 더러는 의심하였다(28,16-17).

열한 제자는 여인들이 전해 준 천사의 메시지, 곧 예수님의 말씀(5-10절)을 듣고 갈릴래아의 산으로 갑니다. 갈릴래아는 예수님께서 하늘 나라의 복음을 선포하신 곳이고 처음으로 제자들을 부르신 곳입니다(4,15-23). 제자들은 이제 그곳에서 부활하신 예수님을 만나고 새롭게 출발할 것입니다. 산은 전통적으로 구약에서 하느님의 계시가 주어지는 장소입니다. 마태오복음서에서도 예수님의 중요한 가르침은 산에서 전해졌고, 그곳에서 예수님의 정체가 드러났습니다(5,1; 17,1; 24,3 이하 참조). 부활하신 예수님께서는 이제 갈릴래아의 산에서 절대적 권위를 지니신 하느님의 아드님으로서 정체를 완전히 드러내시고, 제자들에게 사명을 부여하시며, 당신의 현존을 약속하십니다(28,18-20).

제자들은 부활하신 예수님을 뵙고 그분 앞에 엎드려 경배함으로써 주 하느님이신 예수님께 존경과 흠숭을 표합니다. 마태오복음서 곳곳에서 사람들은 예수님 앞에 엎드렸는데, 이 행동은 유다인의 임금이요 구원자이며 하느님의 아드님이신 예수님의 정체를 깨닫게 해 줍니다(2,2.8.11; 8,2; 9,18; 14,33; 15,25). 여인들도 부활하신 주님을 뵙고 엎드려 절했습니다.

흥미로운 점은 열한 제자가 예수님을 뵙고 엎드려 경배하는데 "더러는 의심하였다"(28,17)라는 사실입니다. 의심한 이들이 과연 누구일까요? 이들은 '일부 제자' 혹은 '열한 제자 모두' 혹은 '제자들 외에 다른 이들' 등으로 다양하게 해석됩니다. 일단 엎드려 예수님께 경배한 제자들의 모습을 고려하면, 의심한 이들은 제자가 아니라는 생각이 듭니다. 하지만 하느님을 향한 인간의 감정에는 흠숭과 더불어 의심도 같이 따라오는 것이 평범한 신앙인들의 솔직한 모습입니다. 그렇기에 제자들이 의심했음을 완전히 배제할 수는 없습니다.

'의심하다'(혹은 '주저하다')를 뜻하는 동사 디스타죠^{διστάζω}는 신약성경 전체에서 이 본문 외에 한 곳에서만 쓰였습니다. 예수님께서 물 위를 걷다가 빠진 베드로를 구하시며 부족한 믿음을 일깨우신 장면입니다("이 믿음이 약한 자야, 왜 의심하였느냐?": 14,31). 따라서 17절에서도 의심하는 이들은 흔히 생각하는 불신이 아니라, 아마도 '부족한 믿음을 가진 이들', 혹은 '주님을 믿는다고 하면서도 불확실함으로 주저하는 이들'을 의미할 것입니다. 마태오 복음서에서 '믿음'은 중요한 주제 가운데 하나입니다. 복음서를 읽어 가면서 우리는 예수님의 정체를 더욱 뚜렷하게 알게 되었습니다. 이제 남은 것은 예수님을 어떻게 믿고 따를 것인가 하는 우리의 결단입니다.

> 나는 하늘과 땅의 모든 권한을 받았다. 그러므로 너희는 가서 모든 민족들을 제자로 삼아, 아버지와 아들과 성령의 이름으로 세례를 주고, 내가 너희에게 명령한 모든 것을 가르쳐 지키게 하여라. 보라, 내가 세상 끝 날까지 언제나 너희와 함께 있겠다(28,18-20).

부활하신 예수님께서는 아버지로부터 하늘과 땅의 모든 권한을 받으신 하느님입니다. "하늘과 땅"이라는 표현은 예수님의 권한이 보편적(우주적)임을 뜻합니다. "모든 권한"이라는 표현은 그것이 제한이 없는 절대적 권한임을 드러냅니다(18절). 그리고 19절의 접속사 '그러므로'는 예수님의 이 같은 권한을 바탕으로 제자들의 사명이 부여되고 시작되었음을 보여 줍니다.

"나를 따라라"(4,19; 9,9) 하고 제자들을 부르셨던 예수님께서 이제는 "가라"(28,19) 하고 그들을 세상으로 파견하십니다. 제자들은 전능하신 주님에게서 '모든 민족'을 제자로 삼아 세례를 주고 예수님의 모든 명령을 가르쳐 지키게 하라는 복음 선포 사명을 받았습니다. 예수님의 제자인 우리도 이제 예수 그리스도의 권한에 참여하여 진리를 선포하고, 세상 모든 이에게 예수 그리스도를 널리 전하는 사명을 부여받은 것입니다.

복음서는 부활하신 예수님의 영원한 현존 약속으로 끝이 납니다. 이 약속은 1,23의 '임마누엘-하느님께서 우리와 함께 계시다'는 말씀과 함께 마태오복음서 전체를 감싸고 있습니다. 예수님은 당신을 믿고 따르는 제자들에게 큰 위로와 용기를 주시며 말씀하십니다. "보라, 내가 세상 끝 날까지 언제나 너희와 함께 있겠다"(28,20). 제자들의 삶은 부활하신 예수님과 함께 여기서부터 다시 새롭게 시작합니다.

나가는 말

두려워하지 마라

저는 이 책의 첫머리에서 마태오복음서 전체를 관통하는 "두려워하지 마라"(1,20; 10,26.28.31; 14,27; 17,7; 28,5.10)라는 말씀을 중심으로 복음서를 다시 읽어 보자고 제안했습니다. 우리는 예수님의 탄생부터(1,20) 공생활(10,26.28.31; 14,27), 그리고 수난과 죽음과 부활에 이르기까지(17,7; 28,5.10) 예수님을 통해 이루어지는 하느님의 구원 역사에서 이 말씀이 거듭 사용되었음을 확인했습니다. "두려워하지 마라." 이 말씀은 단순히 두려움과 고통을 완화하고 위로와 안심을 제공하여 사건을 해결하는 문학적 장치만이 아니라, 특징적 표현으로서 하느님의 구원 역사에 동반합니다.

이 말씀은 마태오 복음사가가 강조하는 예수님의 정체, 곧 '구원자'이며 '임마누엘'이신 그분의 참모습을 밝히는 데도 기여합니다. 부활 이야기(28,1-10)에서도 확인하였듯이 두려워하지 말라는 메시지는 분명 부활하신 예수님의 현존을 드러냅니다. 더욱이 제자직과 관련하여 이 말씀은 예수님의 복음을 당당히 선포해야 하는 제자들의 합당한 자세를 깨우쳐 줍니다. 결국 '두려워하지 마라'는 마태오복음서에서 하느님의 구원 역사와 예수님의 정체에 관한 계시를 반영하는 키워드이며, 복음서 전체의 메시지를 파악하도록 도와주는 이정표입니다.

하느님께서 예수님을 통해 완성하시는 구원 역사와 함께하는 이 말씀에서 우리는 무엇보다도 '예수 그리스도 중심성'이 강조됨을 발견합니다. 동시에 이 말씀은 제자들을 향하며, 하느님의 구원 역사에 제자들의 적극적인 협력이 절실히 필요함을 알려 줍니다. 따라서 이 말씀은 하느님과 예수 그리스도 그리고 제자들 간의 친밀한 유대 속에서 새로운 차원으로 나아갑니다.

"두려워하지 마라." 이 말씀은 하느님의 구원 역사와 예수님의 정체를 드러낸다는 점에서 '수직적 차원'을, 동시에 제자들이 갖추어야 할 마땅한 태도를 전하고 제자들 사이에 현존하시는 예수님을 나타낸다는 점에서 '수평적 차원'을 보여 줍니다. 두 가지 차원은 하느님, 예수님, 제자들이라는 긴밀한 관계에 있는 세 주인공으로 엮인 새로운 틀을 형성합니다. '두려워하지 마라'로 짜인 이 틀 안에서 '구원자-예수님'을 통해 이루어지는 '하느님의 구원'과 '임마누엘-예수님'으로 제자 공동체 안에서 항상 함께 머무르시는 '하느님의 현존'을 봅니다. 따라서 이 말씀은 우리가 예수 그리스도 안에서 실현된 하느님의 놀라운 신비 속으로 더욱 가까이 다가가게 하며, 예수님을 따를 수 있도록 용기를 북돋웁니다.

제자들은 '예수-임마누엘 하느님'의 기초 위에서 복음을 선포하도록 초대받습니다. 부활하시어 하늘과 땅의 절대적 권한을 받으신 예수님께서 제자들에게 맡기신 사명은 모든 민족을 제자로 삼아 세례를 주고, 당신이 명령하신 모든 것을 가르쳐 지키게 하는 것입니다(28,18-19). 다시 말해, 우리가 거저 받은 '하느님의 선물'(9,9 참조)이며 '하늘 나라의 보물'(13,44)이신 예수 그리스도와 그분의 말씀을 세상 모든 이에게 널리 알리고, 그리스도를 닮은 우리의 구체적인 말과 행동으로 주님을 증언하는 것입니다.

기원후 70년, 예루살렘이 함락되고 성전이 파괴된 후 마태오 공동체의 신자들은 부활하신 예수님의 지속적 현존을 보장하며 하느님의 구원을 드러내는 '두려워하지 마라'라는 말씀에서 커다란 위로와 희망의 빛을 발견할 수 있었습니다. 제자들은 직면한 박해와 시련의 상황에도 불구하고 두려워하지 말라는 예수님의 말씀을 기억하면서 갖은 어려움을 견디어 내고, 영원한 생명을 바라며 계속해서 나아갈 수 있었습니다.

오늘날 우리에게도 첫 번째 복음서의 메시지는 명확합니다. 마태오복음서는 분명 위로와 희망의 복음이며, 예수 그리스도를 통해 이루어진 하느님의 구원과 현존을 알리는 책입니다. 우리는 그 안에서 울려 퍼지는 하느님의 놀라운 메시지를 발견합니다. **"두려워하지 마라. 내가 언제나 너희와 함께 있기 때문이다."**

우리는 일상에서 외로움과 두려움에 허덕이곤 합니다. 하지만 하느님의 말씀은 주님을 믿고 따르는 이들에게 언제나 큰 위로와 용기를 줍니다. 마태오복음서에서 우리는 예수님을 만나고 그분의 말씀을 들었습니다. 예수님을 통해서 하늘 나라의 가르침을 배우고, 하늘 나라 확장의 사명을 부여받은 일꾼으로 세상에 파견되었습니다. 그러니 오늘도 하늘 나라를 희망하며 기쁘고 성실하게 살아갑시다! 주님께서 우리와 함께 계십니다. "보라, 내가 세상 끝 날까지 언제나 너희와 함께 있겠다"(28,20). 아멘.

마태오, '두려워하지 마라'의 복음

서울대교구 인가 2025년 9월 23일
초판 1쇄 펴낸날 2025년 10월 30일

지은이 이민영
펴낸이 나현오
펴낸곳 성서와함께

주소 06910 서울특별시 동작구 흑석로13길 7
전화 (02) 822-0125~7 / **팩스** (02) 822-0128
인터넷서점 www.withbible.com
전자우편 order@withbible.com
등록번호 14-44(1987년 11월 25일)

ⓒ 성서와함께 2025
성경·전례문 ⓒ 한국천주교중앙협의회, 2025.

ISBN 978-89-7635-459-4 93230